Collection en poésie folio junior

*dirigée par
Jean-Olivier Héron
et Pierre Marchand*

présenté par
Marc Meunier-Thouret

Paris
en poésie

Gallimard

PARIS EN POÉSIE

« Paris est de toutes les villes la moins modeste », écrit Cocteau. « Impossible d'ouvrir le poste de radio sans entendre Paris se louer par l'entremise d'une chanson... Paris charge ses grandes filles, de Mistinguett à Gréco, d'une publicité qui serait insupportable si elle ne répondait pas à l'ivresse naïve d'un visage qui constate sa beauté dans une glace. »

On sait que Paris a délégué aussi ses pouvoirs — et avec quelle abondance ! — à ses poètes, enjambant six siècles, depuis celui d'Eustache Deschamps jusqu'à celui de Jean Tardieu.

Alors, capitale narcissique ? Pas si sûr ! Si l'on excepte les coups de cymbales des romantiques, l'autocélébration n'a jamais été que raisonnable. Et puis cette dévotion est phénomène récent. Le Moyen Âge l'a ignorée, malgré Villon, le type pur du Parisien qui a traîné ses hauts-de-chausses et s'est esbaudi parmi les escholiers et les ribauds du quartier Latin. La Renaissance substituera la Loire à la Seine, tandis que les XVIIe et XVIIIe siècles célébreront le plus souvent la grandville sur le mode ironique, au temps où un embouteillage était baptisé « embarras » et où le pavé ruisselait de fange : « Il y fait un peu crotté, mais nous avons la chaise. » Mascarille donne le ton.

Au titre de poèmes lyriques, deux pages de prose s'imposaient : à celle de Montaigne le Bordelais répond celle de Giraudoux le Limousin, véritable réplique de *La Prière sur l'Acropole* de Renan. Preuve que ce sont nos provinces qui ont fourni à Paris ses voyants extralucides.

Le *bon bec* millénaire de Paris est d'essence populaire : Que ce soit sur le pont Neuf, dans les Caveaux ou au profond du maquis urbain pendant la Résistance, le Parisien a chanté la liberté. Quant aux irréductibles à l'égard du prestige de Paris — dont le prototype est Rousseau — ils anticipent l'argumentation de nos écologistes.

Autre question : quelle est la réaction poétique des visiteurs étrangers chaque fois qu'ils séjournent à Paris ? Ici vont se côtoyer l'exilé hongrois Ady, le fou de génie Strindberg et le condottiere Malaparte. La génération américaine venue goûter la bohème des années 20 a connu les mêmes émerveillements que la génération soviétique triomphaliste des années 60. Un Paris doux aux morfondus, propice aux ambulations, celui qui fait communier l'Irakien Chaker Al-Sayab et le Noir chrétien Senghor.

Il est temps d'ouvrir l'album des visages de Paris. Entre le Paris d'*un p'tit jet d'eau, une station de métro... Pigalle* ! et celui de *la bergère des ponts de Paris* — Lemarque et Apollinaire fraternels — que de Paris rassemblés ! Il faut avouer que la Seine, grand-rue de Paris, est aussi sa ligne de chance, et le commun dénominateur de ses paysages. Mais si rien n'interdit encore le cœur à cœur silencieux des adolescents au long des rues, les appels des marchands ambulants ont disparu où Paris se révélait une fois de plus très inventif. Toutes les expériences poétiques s'affrontent dans cet itinéraire, parmi lesquelles le face à face Coppée-Butor a une saveur particulière.

A trop célébrer le naturel de Paris, les poètes en étaient venus à écarter son surnaturel. Quiconque est piéton dans la ville sait bien que le familier et le quotidien sont saturés de mystère. Bien avant l'ouverture surréaliste, Baudelaire aura délivré ces enchantements, et dans son sillage apparaît un cortège d'images funambulesques, de souffrances, de légendes et de cauchemars. Ce Paris qui se défait sans cesse engendre d'autres Paris qui ne cessent d'appartenir à l'univers des rimes et des songes.

« Il fallait », reprend Cocteau, « fixer de Paris une image faite de ce plus vrai que le vrai qui transcende la réalité dans le chef-d'œuvre, et la résume de telle sorte qu'elle dégage la lumière mystérieuse des auréoles.

« Le Paris des chansons » — et de la poésie — « n'est-il pas l'auréole de cette sainte Geneviève qui nous sauve toujours à la dernière minute ? »

MARC MEUNIER-THOURET

Les vanités
de Paris

Guillaume APOLLINAIRE

VOYAGE À PARIS

Ah ! la charmante chose
Quitter un pays morose
Pour Paris
Paris joli
Qu'un jour
Dut créer l'Amour
Ah ! la charmante chose
Quitter un pays morose
Pour Paris

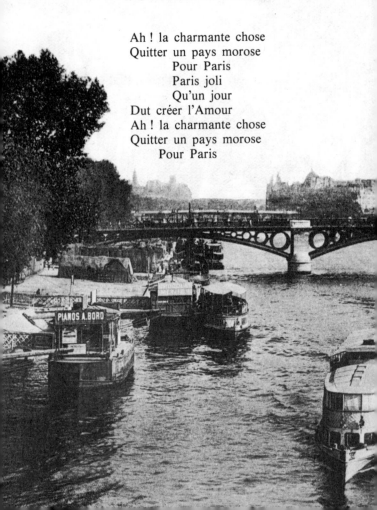

MOLIÈRE

Si le roi m'avait donné
    Paris, sa grand'ville,
Et qu'il me fallût quitter
    L'amour de ma mie,
Je dirais au roi Henri :
Reprenez votre Paris,
J'aime mieux ma mie, Ô gué !
    J'aime mieux ma mie.

BALADE

Quand j'ay la terre et mer avironnée,
Et visité en chascune partie
Jhérusalem, Egipte et Galilée,
Alixandre, Damas et la Surie,
Babiloine, le Caire et Tartarie,
     Et touz les pors qui y sont,
Les espices et succres qui s'i font,
Les fins draps d'or et soye du pays,
Valent trop mieulx ce que les François ont :
Riens ne se puet comparer a Paris

C'est la cité sur toutes couronnées,
Fonteine et puis de sens et de clergie,
Sur le fleuve de Saine située :
Vignes, bois a, terres et praerie.
De touz les biens de ceste mortel vie
     A plus qu'autres citez n'ont ;
Tuit estrangier l'aiment et ameront,
Car, pour deduit et pour estre jolis,
Jamais cité tele ne trouveront :
Riens ne se puet comparer a Paris.

Mais elle est bien mieulx que ville fermée,
Et de chasteaulx de grand anceserie,
De gens d'onneur et de marchans peuplée,
De touz ouvriers d'armes, d'orfaverie ;
De touz les ars c'est la flour, quoy qu'on die :
     Touz ouvraiges a droit font ;

Subtil engin, entendement parfont
Verrez avoir aux habitants toudis,
Et loyaulté aux euvres qu'ilz feront :
Riens ne se puet comparer a Paris

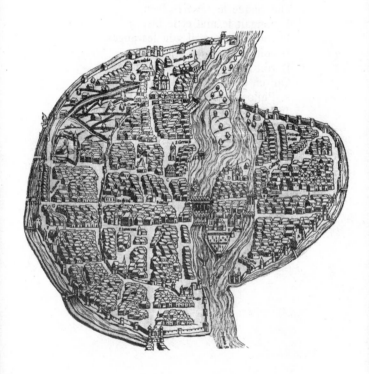

DICTIER DES QUATRE VINS FRANÇOIS
LE PREMIER VIN

Premier est le vin de Paris
Qui est tout plein du Saint-Esprit ;
Quiconque le savoure bien
Il connaît le mal et le bien,
Il voit les cieux, il voit les anges,
Il voit des abîmes étranges
Il voit son Sauveur face à face ;
Qui en boit, n'est rien qu'il ne sache ;
... Philosophes, maîtres, docteurs
Juristes et grands orateurs
En boivent de grandes potées
Et en font souper et tostées ;
Ce n'est point pour gloutons petits
Qui ont de friands appétits.
Ce vin-ci, confit en science,
Prit son premier grain et semence
En Athènes, puis vint à Rome ;
Charlemagne en planta grand somme
En Paris, cité de renom
Dont il porte encore le nom...

Michel de MONTAIGNE

Je ne veux pas oublier cecy, que je ne me mutine jamais tant contre la France que je ne regarde Paris de bon œil ; elle a mon cueur dès mon enfance. Et m'en est advenu comme des choses excellentes ; plus j'a veu dépuis d'autres villes belles, plus la beauté de cette-cy peut et gaigne sur mon affection. Je l'ayme par elle mesme, et plus en son estre seul que rechargée de pompe estrangière. Je l'ayme tendrement, jusques à ses verrues et à ses taches. Je ne suis françois que par cette grande cité ; grande en peuples, grande en félicité de son assiette, mais sur tout grande et incomparable en variété et diversité de commoditez, la gloire de la France, et l'un des plus nobles ornemens du monde. Dieu en chasse loing nos divisions ! Entière et unie, je la trouve deffendue de toute autre violence, Je l'advise que de tous les partis le pire sera celuy qui la mettra en discorde. Et ne crains pour elle qu'elle mesme. Et crains pour elle autant certes que pour autre piece de cet estat. Tant qu'elle durera, je n'auray faute de retraicte où rendre mes abboys, suffisante à me faire perdre le regret de tout'autre retraicte.

Connaissez mieux Paris, puisque vous en parlez :
Paris est un grand lieu plein de marchands mêlés ;
L'effet n'y répond pas toujours à l'apparence :
On s'y laisse duper autant qu'en lieu de France ;
Et parmi tant d'esprits plus polis et meilleurs,
Il y croît des badauds autant et plus qu'ailleurs.
Dans la confusion que ce grand mond apporte,
Il y vient de tous lieux des gens de toute sorte ;
Et dans toute la France il est fort peu d'endroits
Dont il n'ait le rebut aussi bien que le choix...

SUR LA VILLE DE PARIS

Rien n'égale Paris ; on le blâme, on le loue,
L'un y suit son plaisir, l'autre son intérêt ;
Mal ou bien, tout s'y fait, vaste et grand comme il est :
On y vole, on y tue, on y pend, on y roue.

On s'y montre, on s'y cache, on y plaide, on y joue,
On y rit, on y pleure, on y meurt, on y naît.
Dans sa diversité, tout amuse, tout plaît,
Jusques à son tumulte et jusques à sa boue.

Mais il a ses défauts, comme il a ses appas,
Fatal au courtisan, le roy n'y venant pas ;
Avecque sûreté nul ne s'y peut conduire :

Trop loin de son salut pour être au rang des saints,
Par les occasions de pécher et de nuire,
Et pour vivre longtemps trop près des médecins.

Paris est un séjour charmant
Où promptement
L'on avance :
Là, par un mariage secret,
Le gain qu'on fait
Est immense ;
On y voit des commis
Mis
Comme des princes
Qui sont venus
Nus
De leurs provinces.

Alphonse de LAMARTINE

Quel ouragan de l'âme
il souffle dans Paris !

Enfer ! Eden du monde !
Paris ! principe et fin ! Paris ! ombre et flambeau !...
Je ne sais si c'est mal, tout cela ; mais c'est beau,
Mais c'est grand ! Mais on sent jusqu'au fond de son âme
Qu'un monde tout nouveau se forge à cette flamme...

Oh ! Paris est la cité mère !
Paris est le lieu solennel
Où le tourbillon éphémère
Tourne sur un centre éternel !

... Frère des Memphis et des Romes,
Il bâtit au siècle où nous sommes
Une Babel pour tous les hommes,
Un Panthéon pour tous les Dieux !

... Toujours Paris s'écrie et gronde ;
Nul ne sait, question profonde,
Ce que perdrait le bruit du monde
Le jour où Paris se tairait.

Paris règne, Paris, en existant, délivre.
Par cela seul qu'il est, le monde est rassuré.
Un vaisseau, comme un sceptre étendant son beaupré,
Est son emblème ; il fait la grande traversée :
Il part de l'ignorance et monte à la pensée.
Il sait l'itinéraire ; il voit le but ; il va
Plus loin qu'on ne voulut, plus haut qu'on ne rêva ;
Mais toujours il arrive ; il cherche, il crée, il fonde,
Et ce que Paris trouve est trouvé par le monde.

Ville d'où rayonne, hélas, le plus d'intelligence dans le monde. Phare et Ville-Lumière, comme disent premièrement les imbéciles, deuxièmement les cérémonies officielles, troisièmement les romantiques, quatrièmement Hugo tout seul. Cerveau où s'élabore le plus de pensée. Cœur d'où monte, dans toute cette buée que vous voyez de Montmartre, dans toute cette buée de mer, dans toute cette buée industrielle, poussière de vapeurs, vapeurs d'essence et de tant d'huiles lourdes, vapeurs aussi de tant de respirations malsaines, cœur d'où monte, à travers toute cette buée temporelle, le plus de spécifiquement, le plus de techniquement véritable prière.

PARIS : RÉSUMÉ ET LIBERTÉ
DE LA FRANCE

On a pu rêver de tuer Paris. C'est un bonhomme qu'on ne tue pas, parcequ'il est le moteur des grandes audaces et le frère de tous les meurtris. Il ouvre les bras à quiconque a une conviction ou une douleur à armer, à qui veut cacher sa misère ou la mettre en batterie.

Même, il faut dire qu'il ne tire pas sa grandeur de ses seules entrailles. Il emmagasine des forces qui lui arrivent dans des caboches trop grosses ou dans des poitrines trop larges pour la province, qui mesure tout à la vieille aune, et ne sait pas qu'il y a, tous les dix ans, un nouveau système métrique de l'idée.

... Il n'est fort et il n'est grand que parce que son sang se renouvelle et se rafraîchit chaque fois que, dans le fond d'un département, un gars de volonté ou de courage est blessé, qui vient laver sa plaie dans l'eau de la Seine et loger son cœur dans le grand cœur de Paris !

Jean MORÉAS

Que je suis las de toi, Paris, et de l'automne !
    Que je languis souvent
De voir le champ qui ploie et la mer qui moutonne
    Au souffle d'un bon vent !

Mais quel philtre jamais, Paris, de quelle sorte,
    Me vaudra ta rancœur ?
O novembre, tu sais que c'est ta feuille morte
    Qui parfume mon cœur.

PRIÈRE SUR LA TOUR EIFFEL

J'ai sous les yeux les cinq mille hectares du monde où il a été le plus pensé, le plus parlé, le plus écrit. Le carrefour de la planète qui a été le plus libre, le plus élégant, le moins hypocrite. Cet air léger, ce vide au-dessous de moi, ce sont les stratifications, combien accumulées, de l'esprit, du raisonnement, du goût. Ainsi tous ces amoindrissements et mutilations qu'ont subies les hommes, il y a plus de chance, ici plus que partout ailleurs, y compris Babylone et Athènes, pour que les ait valus la lutte avec la laideur, la tyrannie et la matière. Tous les accidents du travail sont ici des accidents de la pensée. Il y a plus de chance qu'ailleurs pour que les dos courbés, les rides de ces bourgeois et de ces artisans aient été gagnés à la lecture, à l'impression, à la reliure de Descartes et de Pascal. Pour que ces lorgnons sur ce nez aient été rendus nécessaires par Commines et par Froissart... Voilà l'hectare où la contemplation de Watteau a causé le plus de pattes d'oie. Voilà l'hectare où les courses pour porter à la poste Corneille, Racine et Hugo ont donné le plus de varices. Voilà la maison où habite l'ouvrier qui se cassa la jambe en réparant la plaque de Danton. Voilà, au coin du quai Voltaire, le centiare où il fut gagné le plus de gravelle à combattre le despotisme. Voilà le décimètre carré, où le jour de sa mort, coula le sang de Molière. Il se trouve qu'en ce jour de grève où les métiers passent pour chômer dans Paris, où les ouvriers, croyant aller contre leur nature et obéissant seulement à l'habitude ancestrale, ont regagné la campagne, Paris exerce le pur métier de Paris ; et Notre-Dame et le Louvre et tous ses monuments sont aujourd'hui aussi opaques et immobiles que la roue de l'hélice tournant à mille tours... Mais que vois-je ?

... Je vois le printemps entourer Paris. Par les brèches des murailles et par les avenues, il se pousse jusqu'à la Seine et seuls les ponts sont encore sans feuillage. En ce jour de repos le vent dans le bois de Boulogne n'est plus qu'un mouvement de croissance. Le printemps, le Bois, croissent comme une mer. Sur la banlieue ressuscitée, lacs, bassins et réservoirs reprennent leur orient. De chacun des sept cimetières, entre les verdures neuves n'émerge plus qu'un seul monument. Paris n'avoue aujourd'hui que sept morts, et de belles files bleues de fantassins transparaissent sous les rues en veines royales...

René Guy CADOU

POURQUOI N'ALLEZ-VOUS PAS
À PARIS ?

— Pourquoi n'allez-vous pas à Paris ?
— Mais l'odeur des lys ! Mais l'odeur des lys !

— Les rives de la Seine ont aussi leurs fleuristes
— Mais pas assez tristes oh ! pas assez tristes !

Je suis malade du vert des feuilles et de chevaux
De servantes bousculées dans les remises du château

— Mais les rues de Paris ont aussi leurs servantes
— Que le Diable tente ! Que le Diable tente !

Mais moi seul dans la grande nuit mouillée
L'odeur des lys et la campagne agenouillée

Cette amère montée du sol qui m'environne
Le désespoir et le bonheur de ne plaire à personne !

— Tu périras d'oubli et dévoré d'orgueil
— Oui mais l'odeur des lys ! la liberté des feuilles !

Jules LAFORGUE

BALLADE DE RETOUR

Le Temps met septembre en sa hotte,
Adieu, les clairs matins d'été !
Là-bas, l'Hiver tousse et grelotte
En son ulster de neige ouaté.
Quand les casinos ont jeté
Leurs dernières tyroliennes,
La plage est triste en vérité !
Revenez-nous, Parisiennes !

Toujours l'océan qui sanglote
Contre les brisants irrités,
Le vent d'automne qui marmotte
Sa complainte à satiété,
Un ciel gris à perpétuité,
Des averses diluviennes
Cela doit manquer de gaieté !
Revenez-nous, Parisiennes !

Hop ! Le train siffle et vous cahote !
Là-bas, c'est Paris enchanté,
Où tout l'hiver on se dorlote :
C'est l'Opéra, les fleurs, le thé,
O folles de mondanité
Allons ! Rouvrez les persiennes
De l'hôtel morne et déserté !
Revenez-nous, Parisiennes !

Envoi
Reines de grâce et de beauté,
Venez, frêles magiciennes
Reprendre votre Royauté :
Revenez-nous, Parisiennes.

LE CRÉATEUR ULTIME,
LE COUTURIER

Son bord, il le sait bien, c'est Paris. Pilote secoué, il s'y cramponne... Autour de lui se serre le groupe des industries dont le luxe, et le luxe seul, a assuré la prospérité. Leur imagination — disons : leur génie — est intact, intacte aussi est la foi des corporations qu'ils nourrissent, habitués à ne manier que des matières privilégiées, le crêpe de Chine, le velours, les pelleteries, les moelleux lainages, l'or en broderie, l'argent lamé. Un proverbe dit : « Où il n'y a rien le roi perd ses droits. » Le roi peut-être, mais non le goût, l'invention de Paris.

... Les difficultés croissantes ne t'ont pas découragé, ô Paris, Paris qui inventes, Paris qui coupes, brodes et drapes, Paris qui te substitues à toi-même et persistes !

... Idées de Paris, fantaisie de Paris... oui, mais aussi sagesse de Paris. Paris puise en lui-même sa sagesse et sa modération. Il n'est mesure que de Paris.

Ce Paris de la Haute Couture est, au vrai, un tout petit village. Il commence au Pont de la Concorde, s'aventure au long de la rue de Rivoli ; son grand canal coule rue de la Paix, baigne la Place et l'avenue de l'Opéra ; une boucle capricieuse remonte le boulevard, touche la Madeleine ; une importante marée a conquis le Faubourg St Honoré, la longueur des Champs-Elysées. C'est tout... Le Paris de l'élégance, petit village intransigeant, aristocratique et serré, qui se répand fiévreux à midi et six heures sur le domaine qu'il a choisi et borné, se refuse encore à chercher ses joies, ses moyens de vivre, la fraîcheur et la variété de son art ailleurs que dans son centre planté de statues, épanoui en rayons d'étoile, sous son ciel inconstant et fin, sur la rive d'un fleuve qu'enjambe souvent, après une averse d'été, le pont septicolore de l'arc-en-ciel.

BALLADE DES FEMMES DE PARIS

Quoiqu'on tient belles langagères
Florentines, Vénitiennes,
Assez pour être messagères,
Et mêmement les anciennes ;
Mais, soient Lombardes, Romaines,
Genevoises, à mes périls,
Piémontaises, Savoisiennes,
Il n'est bon bec que de Paris.

De très beau parler tiennent chaires,
Ce dit-on, les Napolitaines,
Et que sont bonnes caquetières
Allemandes et Prussiennes ;
Soient Grecques, soient Egyptiennes,
De Hongrie ou d'autre pays,
Espagnoles ou Castillanes,
Il n'est bon bec que de Paris.

Brettes, Suisses, n'y savent guères,
Gasconnes n'aussi Toulousaines ;
De Petit-Pont deux harengères
Les concluront, et les Lorraines,
Anglaises ou Calaisiennes
(Ai-je beaucoup de lieux compris ?)
Picardes, de Valenciennes,
Il n'est bon bec que de Paris.

ENVOI

Prince, aux dames parisiennes
De bien parler donnez le prix ;
Quoiqu'on dise d'Italiennes,
Il n'est bon bec que de Paris.

L'ALLÉLUIA DES BARRICADES

Ce fut une étrange rumeur
Lorsque Paris tout en fureur
S'émut et se barricada
Alleluya

Sur les deux heures après dîné
Dedans la rue Saint-Honoré
Toutes les vitres l'on cassa
Alleluya

Le Mareschal de l'Hospital
Fut sur le Pont Neuf à cheval
Affin de mettre le hôlà
Alleluya

Un tas de faquins en émoy
Luy fit crier : « Vive le Roy »
Tant de fois qu'il s'en enrhuma
Alleluya...

On vit passer le Parlement
Qui s'en alloit tout bellement
Au Louvre faire : « O Benigna »
Alleluya...

On vit Monsieur le Cardinal
De rage que tout alloit mal
Ronger les glands de son rabat
Alleluya

PARIS N'EST PAS PERDU

C'est le vieux Badinguet qui a quitté Paris,
Qui va crier partout que Paris sera pris ;
Ce sont les Parisiens qui lui ont répondu :
« Va donc, mon vieux Badingue, Paris n'est pas perdu ! »

Pour lors, le vieux Badingue, Guillaume s'en fut trouver,
Dit : « J'ai perdu Páris, faites m'y donc rentrer ! »
Et le compère Guillaume qui lui a répondu :
« Donnez une récompense, il vous sera rendu ! »...

« Je prendrai donc l'Alsace, et Metz avec Strasbourg,
Je garderais Paris avec des forts autour,
De plus, quelques milliards feraient bien mon affaire ;
Tout cela vous va-t-il ? — Oui, ça me va, mon frère. »

Le compère Guillaume lui répond : « Mon enfant,
C'est que votre Paris n'a pas l'air patient.
Il va tout renversé, il fait la guerre, je crois,
Aux princes, aux empereurs, aux voleurs et aux rois. »...

Le compère Guillaume croyait faire un bon coup,
Et convoitant Paris s'avançait à pas d'loup ;
Il croyait bien le prendre et répétait tout bas :
« Attends mon vieux Paris, j'vais t'mettre dans mes Etats ! »

Mais sans en avoir l'air, Paris dit aux coquins :
« Tu vas avoir affaire à moi, mon vieux gredin ! »
Puis sortant tout à coup, vite il le déconfit,
Puis avec politesse, il le reconduisit...

Roger MYRA et Robert DIEUDONNÉ

TU L'REVERRAS, PANAME !

Eh ! pantruchard, c'est y qu'tu s'rais malade,
Ou qu'le cafard te rendrait tout transi ?
Ce soir t'as pas l'cœur à la rigolade,
Tu dois penser qu'c'est rudement loin Paris.
Sûr, c'est pas drôle quand un copain calenche,
Mais si tu dois en r'venir, c'est écrit.
> Pour pas qu'tu flanches,
> Fais comm'j'te dis :
> T'en fais pas, mon p'tit gars !

La Tour Eiffel, la Place Blanche, Notre-Dame,
Les Boulevards et les belles madames,
Tu l'reverras, Paname,
Le métro, le bistro où tu prenais l'apéro
Après l'boulot !
Comme c'est loin tout ça !
Mais tu l'reverras, à Paname.

PARIS

Où fait-il bon même au cœur de l'orage
Où fait-il clair même au cœur de la nuit
L'air est alcool et le malheur courage
Carreaux cassés l'espoir encore y luit
Et les chansons montent des murs détruits

Jamais éteint renaissant dans sa braise
Perpétuel brûlot de la patrie
Du Point-du-Jour jusqu'au Père Lachaise
Ce doux rosier au mois d'août refleuri
Gens de partout c'est le sang de Paris

Rien n'a l'éclat de Paris dans la poudre
Rien n'est si pur que son front d'insurgé
Rien n'est si fort ni le feu ni la foudre
Que mon Paris défiant les dangers
Rien n'est si beau que ce Paris que j'ai

Rien ne m'a fait jamais battre le cœur
Rien ne m'a fait ainsi rire et pleurer
Comme ce cri de mon peuple vainqueur
Rien n'est si grand qu'un linceul déchiré
Paris Paris soi-même libéré

PARIS

O Paris, ville ouverte
Ainsi qu'une blessure,
Que n'es-tu devenue
De la campagne verte.

Te voilà regardée
Par des yeux ennemis,
De nouvelles oreilles
Ecoutent nos vieux bruits.

La Seine est surveillée
Comme du haut d'un puits
Et ses eaux jour et nuit
Coulent emprisonnées.

Tous les siècles français
Si bien pris dans la pierre
Vont-ils pas nous quitter
Dans leur grande colère ?

L'ombre est lourde de têtes
D'un pays étranger.
Voulant rester secrète
Au milieu du danger

S'éteint quelque merveille
Qui préfère mourir
Pour ne pas nous trahir
En demeurant pareille.

Quand Paris reçoit

Léopold Sédar SENGHOR

NEIGE SUR PARIS

Seigneur, vous avez visité Paris par ce jour de votre naissance
Parce qu'il devenait mesquin et mauvais
Vous l'avez purifié par le froid incorruptible
Par la mort blanche.
Ce matin, jusqu'aux cheminées d'usine qui chantent à l'unisson
Arborant des draps blancs
— « Paix aux Hommes de bonne volonté ! »
Seigneur, vous avez proposé la neige de votre Paix au monde
  divisé à l'Europe divisée...
... Seigneur, j'ai accepté votre froid blanc qui brûle plus que le
  sel.
Voici que mon cœur fond comme neige sous le soleil.
J'oublie
Les mains blanches qui tirèrent les coups de fusils qui crou-
  lèrent les empires
Les mains qui flagellèrent les esclaves, qui vous flagellèrent...
... Seigneur, je ne sortirai pas de ma réserve de haine, je le sais,
  pour les diplomates qui montrent leurs canines longues
Et qui demain troqueront la chair noire.
Mon cœur, Seigneur, s'est fondu comme neige sur les toits de
  Paris
Au soleil de votre douceur.
Il est doux à mes ennemis, à mes frères aux mains blanches
  sans neige
A cause aussi des mains de rosée, le soir, le long de mes joues
  brûlantes.

ADIEU PARIS...

Adieu, Paris ma chère ville
Il nous faut donc nous séparer.
Je te laisse en belle abondance
De joie, de plaisirs, de délices.

Le cœur allemand dans ma poitrine
S'est soudain mis à souffrir.
Le seul docteur qui me le puisse guérir
Habite chez moi là-bas vers le Nord.

Adieu, Français, peuple gai,
Adieu, adieu, mes joyeux frères,
La nostalgie me pousse, insensée,
Mais très bientôt je reviendrai.

Pensez ! Avec douleur je m'ennuie
Du parfum de la tombe et des chers
Moutons de la Lande de Luneburg,
Je m'ennuie de la choucroute et du navet.

Je m'ennuie de la fumée de tabac,
Des conseillers de cour, des veilleurs de nuit,
Du bas-allemand, du pain noir, de la grossièreté,
Des filles blondes de pasteur.

Je m'ennuie de ma mère,
Je l'avoue bien franchement,
Treize années maintenant
Que je n'ai vu la chère vieille.

Adieu, ma femme, mon bel amour,
Tu ne peux comprendre ma peine.
Je te presse fort sur mon cœur,
Et je dois pourtant te quitter.

Une peine ardente me pousse
Loin de mon bonheur très doux.
Je dois respirer l'air allemand
Pour que je n'étouffe.

LE CARROUSEL
Jardin du Luxembourg

... Un garçon tout blanc chevauche le lion
et s'y tient ferme d'une blanche main chaude
tandis que le fauve montre sa langue et ses crocs.

Et de temps en temps un éléphant blanc.

Et sur les chevaux passent
des petites filles claires aussi
déjà trop âgées pour ces cabrioles
et en plein vol elles lèvent leur regard
pour le poser ailleurs quelque part.

Et de temps en temps un éléphant blanc...

PONT DU CARROUSEL

L'aveugle sur le pont,
borne grise d'invisibles royaumes,
est peut-être la chose, l'immuable,
autour de quoi, lointaine,
gravite l'œil stellaire,
le pivot clair des constellations,
car tout, autour de lui, coule, erre et resplendit...

LE PARC AUX PERROQUETS
Jardin des Plantes — Paris

Sous les fleurs des tilleuls de Turquie,
au ras de boulingrins, sur leurs perchoirs bercés
par leur mélancolie, les aras se souviennent
de leurs pays qui ne changent, même loin de leurs yeux...

LE GROUPE
Paris

Comme on cueille des fleurs pour en faire un bouquet :
le hasard à la hâte ordonne les visages,
les serre, les desserre, en attrape deux autres
au loin, en lâche un tout proche, échange

celui-ci, celui-là, en rafraîchit un autre de son souffle,
rejette un chien, telle une mauvaise herbe,
tire par la tête comme à travers une mêlée
de tiges et de feuilles, un être insignifiant

qu'il attache et lie, menu, tout au bord ;
puis se relève, modifie et déplace
et n'a plus que le temps de revenir d'un bond,

pour le coup d'œil final, au tapis
sur lequel à l'instant le saltimbanque
va gonfler son corps lisse et massif.

UN ALLEMAND
DANS PARIS OCCUPÉ

14 mars 1943

L'impression que me font les rues parisiennes, les maisons et les appartements, vient encore se confirmer ici : archives d'une substance imprégnée de vie très ancienne ; remplies jusqu'au bord d'histoire, de pièces à conviction et de souvenirs.

10 mai 1943

Moi aussi j'appartiens, maintenant, aux innombrables millions d'êtres qui ont donné à cette ville une trace de leur vie, de leurs pensées et de leurs sentiments, éléments qu'une mer de pierres absorbe pour les changer mystérieusement au cours des siècles en arbre de corail et de destin. Lorsque je songe que, chemin faisant, je suis passé devant l'église Saint-Roch sur les marches de laquelle fut blessé César Birotteau, et qu'au coin de la rue des Prouvaires, Baret, la jolie marchande de bas, prenait les mesures de Casanova dans son arrière-boutique, et que ce ne sont là que deux faits infimes dans un océan d'événements réels ou fantastiques — une sorte de mélancolie joyeuse, de volupté douloureuse s'empare de moi... L'obscur rayonnement des vies vécues pénètre dans le souvenir comme font les parfums et les odeurs. Ainsi dans les ruelles de la Bastille, je sens toujours un peu de « l'essence de Verlaine ». L'ombre également...

7 août 1943

Etudes de rue derrière le Panthéon ; dans la rue Mouffetard et les ruelles avoisinantes... De nouveau grande joie et reconnaissance de la pensée que cette ville des villes échappait encore à la catastrophe. Quelle merveille ne nous resterait-il pas si, après ce déluge, telle une arche chargée à ras bord d'une antique et riche cargaison, elle atteignait le havre de paix et demeurait nôtre pour des siècles nouveaux.

QUAI DE L'HORLOGE

A travers un brouillard de tabac caporal
j'observe le fleuve de France
remuant de tristes décombres, traînant des ruines
sur l'accablant, le lourd vert ricin de ses eaux.
Mes fenêtres
n'ouvrent plus sur les peupliers ni sur les rivières d'Espagne.

Je veux tremper ma main dans ce froid si épais
Et arrêter cela qui passe
entre d'aveugles bouches de pierres, séparant
des courants souterrains de morts et de cloaques.
Mes fenêtres
n'ouvrent plus sur les peupliers ni sur les rivières d'Espagne.

... Voyageuse fluviale infortunée qui de mes yeux
déracinés arraches
ce qui de leurs orbites descend comme un fleuve
quand le sanglot oublie de rouler comme larme.
Mes fenêtres
n'ouvrent plus sur les peupliers ni sur les rivières d'Espagne.

JEAN-JACQUES ROUSSEAU
DÉCOUVRE PARIS

Combien l'abord de Paris démentit l'idée que j'en avais ! La décoration extérieure que j'avais vue à Turin, la beauté des rues, la symétrie et l'alignement des maisons, me faisaient chercher à Paris autre chose encore. Je m'étais figuré une ville aussi belle que grande, de l'aspect le plus imposant, où l'on ne voyait que de superbes rues, des palais de marbre et d'or. En entrant par le faubourg Saint Marceau, je ne vis que de petites rues sales et puantes, de vilaines maisons noires, l'air de la malpropreté, de la pauvreté, des mendiants, des charretiers, des ravaudeuses, des crieuses de tisanes et de vieux chapeaux. Tout cela me frappa d'abord à tel point, que tout ce que j'ai vu depuis à Paris de magnificence réelle n'a pu détruire cette première impression, et qu'il m'en est toujours resté un secret dégoût pour l'habitation de cette capitale. Je puis dire que tout le temps que j'y ai vécu dans la suite ne fut employé qu'à y chercher des ressources pour me mettre en état de vivre éloigné. Tel est le fruit d'une imagination trop active, qui exagère par dessus l'exagération des hommes, et voit toujours plus que ce qu'on lui dit. On m'avait tant vanté Paris que je me l'étais figuré comme l'ancienne Babylone, dont je trouverais peut-être autant à rabattre, si je l'avais vue, du portrait que je m'en suis fait. La même chose m'arriva à l'Opéra, où je me pressai d'aller le lendemain de mon arrivée ; la même chose m'arriva dans la suite à Versailles ; et la même chose m'arrivera toujours en voyant des spectacles qu'on m'aura trop annoncés : car il est impossible aux hommes et difficile à la nature elle-même de passer en richesse mon imagination.

UN SUISSE
SUR LA TOUR EIFFEL

La Tour Eiffel est transparente : ce n'est pas une construction de pierre opaque, elle est comme une fumée qui monte tout droit dans les airs. C'est la fumée du feu d'Abel ; on voit au travers le soleil rougir et descendre. C'est un tricotage, c'est un ouvrage de vannerie, c'est fait de mailles lâches, de nœuds qui ne sont reliés entre eux que par des fils presque invisibles, ce n'est plus un ouvrage terrestre, c'est un ouvrage aérien.

... Vous voilà à la montagne... Vous êtes dans le vent qui chantonne tour à tour et siffle dans les madriers de fer comme dans la montagne au tranchant de la roche, venu de loin et vous enveloppant ; qui court autour de vous en toute liberté : quelquefois toute la construction au-dessous de vous est ébranlée et vacille, comme il arrive dans les hautes Alpes justement, sur une de ces élévations téméraires où on ne se hisse qu'à la corde ; de sorte qu'à la pointe de cette construction artificielle... on se trouve transporté quand même en pleine nature et tout à coup on se trouve livré aux seules forces de la nature, dans un silence où on croirait qu'il n'y a que des bruits de la nature, ce qui est faux, mais ils ne vous arrivent que transformés par l'air et rendus par là naturels comme dans la haute montagne... Ici c'est la trompe d'une auto, le cri d'un rempailleur de chaise, la sirène d'un chaland, mais eux aussi complètement métamorphosés, méconnaissables et comme pourvus d'un sens nouveau par leur complète inutilité. Et de nouveau c'est le vent qui passe, de nouveau une main experte touche en passant les cordes de l'instrument qui sont de grosseur inégale ; de sorte qu'elles produisent diverses notes qui s'accordent comme celles de l'orgue ; et qui n'a écouté là-haut, sur les montagnes, les grandes orgues des rochers ?

PARIS, MON MAQUIS

Je m'arrête, haletant... ô, Paris, ô, Paris.
Fourré gigantesque, broussaille humaine.
Du Danube braillard, la horde des pandores
Peut me suivre à mon gré :
Le maquis me cache et m'attend la Seine.

Enorme est mon péché ! Immense ! c'est mon âme.
Voir de loin, oser, voilà mon péché.
Je suis un renégat de la race d'Almos.
L'armée scythe qui empeste
L'Iran voudrait m'envoyer au bûcher.

Qu'ils viennent. Sur le cœur de Paris, je me couche
Tout ébahi, libre, bien à l'abri.
Le dernier hors-la-loi hongrois qui s'est enfui,
Dans le maquis riant
Se terre, englouti par des fleurs de pluie.

C'est là que je mourrai, et non sur le Danube.
D'affreuses mains ne cloront pas mes yeux :
M'appellera la Seine. Alors je sombrerai
Par une nuit muette,
Au néant triste, immense et ténébreux.

Que geigne la tempête et crisse la broussaille.
Que la Tisza sur la plaine déferle.
La forêt des forêts me couvrira toujours
Même mort, je serai
Caché par Paris, mon maquis fidèle.

L'AUTOMNE SE GLISSA DANS PARIS

Par le chemin de Saint Michel Archange
Hier à Paris l'automne s'est glissé,
Dans l'air torride, et sous les douces branches
     Où je l'ai rencontré.

Je cheminais justement vers la Seine.
Brûlaient en moi, petits fagots fumants,
Des chants pourprés qui, rougeoyant à peine,
     Disaient : « La mort t'attend. »

Il m'a soufflé certains secrets l'automne,
Et le chemin de l'Archange a tremblé.
« Zim-zim », disaient, faisant des cabrioles,
     Les feuilles, les futées.

Ce fut très bref, l'été n'en vit pas trace.
Riant, l'automne a disparu, furtif.
Moi seul ai su sa présence fugace
     Sous les arbres plaintifs.

44 AVENUE DU MAINE

Quel mauvais destin m'a amené
dans cette cour sombre, en cul-de-sac ?
Le jour y est deux fois plus court
et il n'y a pas un seul arbre.

Tel un foyer éteint
non loin la gare fume
et jour après jour ma fenêtre
regarde et ne voit rien.

Sifflent et partent des trains,
et sans répit les rails résonnent
comme des cordes de violons — et il me semble
être en route depuis des mois.

Toujours cette cour et sur trois côtés
huit rangées de fenêtres
et à celles-ci jamais tu n'apercevras
quelque enfant ou quelque femme.

Mais aujourd'hui les ténèbres sont tombées tôt
et soudain il a commencé à bruiner.
Quelqu'un est entré, s'est arrêté dans la cour
avec un violon et un imperméable.

Et une vieille chanson s'est répandue,
monotone comme la pluie,
s'est élevée jusqu'aux toits,
et subitement a tari.

Athanas DALTCHEV

Il s'est tu. A toutes les fenêtres
se penchaient des femmes en pleurs
et sur les dalles de la cour
pleuvaient des mots et des sous :

Qui que tu sois, homme sans gîte
ou adolescent ayant perdu la vue,
pourquoi es-tu venu ici nous rappeler
notre destin cruel ?

Nous nous taisons et travaillons de l'aube à la nuit close
et attendons des jours plus clairs
et les jours s'égrènent un à un, et nous
quand donc allons-nous vivre ?

LA SOUPE À L'OIGNON

« Quoi !
   Vous ignorez la soupe à l'oignon ?
Vous n'avez pas vu, en ce cas, la France
Allons ! Vite, vite, Monsieur, vite partons ! »
Ah ! ces odeurs à vous couper les jambes !
Les Halles tanguent
        Les Halles de Paris,
comme un navire
        trop lourdement garni.
... Un marché cela ?
        que non : un palais !
Des huîtres en tas semblent du limon
d'un proche océan fraîchement extrait.

« Pour être fine
comme Brigitte
faites comme elle
mangez des huîtres ! »

« Artichauts !
        Artichaux !
ça guérit le ventre chaud ! »

Un nègre montre la manière
de fendre une noix de coco
et des cocottes en retraite
fort gaillardement aux badauds
proposent des bottes d'asperges.

Et sur tant et tant de couleurs criardes,
sur ce champ de homards,
ces poissons qui regardent déconcertés Paris,
sur tout cela règne en maîtresse
l'odeur exquise de la soupe.
Irréelle senteur ! On goûte
à cette soupe-là comme on va à la Messe.

La voici,
    la rusée,
        à l'oignon, la voici,
qui s'ébroue, qui attend. Allons-y !
De ce divin remède
qu'une assiette on me serve !
Ah ! cet oignon !
        Cet oignon !
Tombe, d'un seul coup, tombe ma fatigue.
Place ! Je veux danser ! place mes compagnons,
je veux danser la gigue !
Non ! ce serait ici incongru, ridicule !
Je ne suis pas chez moi.

De la joie dans les yeux et aux lèvres s'allume.
— « Un mets ?
    Dites plutôt un sublime opéra. »
... J'entends mon compagnon
(fort peu loquace d'ordinaire),
je l'entends me dire à l'oreille :
« il n'est rien qui ne meure en France
hormis la soupe à l'oignon ! »

Ils l'ont mangée dans les tavernes,
les manants,
            à même le sol.
Porthos en eut plein ses moustaches,
Richelieu en tachait les siennes,
Navarre, quitté son panache,
la bâfrait dans un bol d'argent
cette soupe à mine grossière
et si étrange cependant.
Indifférente aux ans, indifférente aux siècles,
des plats de France
            elle est restée la reine.
Comme les paysans
            s'en nourrirent les pairs
mais seuls les paysans en ont tiré profit.
            Les tiares
            et les tyrans,
les chevaliers allant en guerre,
à la bouche mièvres chansons,
cette soupe-là
            ne s'en souciait guère
                dans ses chaudrons !
                dans ses chaudrons !
Vite corrigeons la sentence
de mon trop amer compagnon.
« Il n'est rien qui ne meure en France !
hormis le peuple
            et la soupe à l'oignon ! »

LES HALLES

Des camions remplis de violettes
mouillés par la pluie et les chants des coqs
entrent par les portes de Paris tous les matins
semant des lunes et des éclairs dans les flaques
et sortent par les mêmes portes en plein jour
gorgés d'ombre
après avoir abandonné sur les trottoirs
leur chargement de soleil.
Emportez-moi, camions verts,
au paradis de l'oignon et des tresses blondes
où je puisse purifier mes yeux
afin de voir un monde emperlé de rosée.

... Emportez-moi vers la contrée secrète
où les feuilles ne meurent jamais,
près de l'eau qui reflète un visage innocent
au milieu de légumes ronds comme la lune.
Oh pays de rosée,
hors des routes qui mènent
à l'ultime frontière gardée par les corbeaux !

PARIS 1927

Paris, la rose magnétique
le vieil ouvrage d'araignée,
était là, argentée,
entre le temps du fleuve en marche
et le temps à genoux à Notre-Dame :
une ruche de miel errant,
une ville pour la famille humaine.

Tous étaient accourus
et je laisse hors du compte les nomades
de mon propre pays inhabité :
les lents Chiliens déambulant
avec les Chiliennes loufoques ;
ils ajoutaient d'autres yeux noirs à cette nuit
qui crépitait. Mais le feu où était-il donc ?
Le feu avait quitté Paris.

Il était resté un sourire clair
Comme une nuée de perles tristes
et l'air dispersait un bouquet brisé
de raisonnement et d'extravagances.
Et peut-être cela n'était-il que cela :
fumée et conversation. La nuit s'en allait
des cafés et le jour entrait
y trimer comme un forcené,
y nettoyer les escaliers,
y balayer l'amour et les supplices.
Sur le plancher il restait encor des tangos,
des épingles d'église colombiennes

des lunettes et des dentiers japonais
des tomates de l'Uruguay,
un cadavre osseux de Chilien,
tout allait être balayé,
lavé par de géantes lavandières,
tout allait finir à jamais :
cendre exquise pour les noyés
dont la forme ondulait énigmatique
sur l'oubliance naturelle de la Seine.

John STEINBECK

J'AIME CETTE ÎLE DE LA CITÉ...

Aucune ville au monde n'a été mieux aimée ni plus fêtée. A peine arrivé, le voyageur sent l'étreinte de cette ville qui est bien plus qu'une ville.

... Invariablement mes pas me conduisent vers l'île de la Cité, vers ce vaisseau qui de son éperon de granit ouvre la Seine et lui confie les trésors destinés à l'univers. J'aime cette île, j'aime cette symphonie en pierres : Notre-Dame. J'éprouve de la joie dans les ruelles et dans les murs, témoins tangibles de lointaines époques. Mais ce contact ébranle en moi des affinités plus secrètes... L'île est terre sainte. Ces lieux ont fécondé la pensée de l'Occident, la courageuse pensée conçue sur les nobles ruines de Rome et de la Grèce. Ici, les grands... ont imprimé leur marque à un monde froid et l'ont réchauffé à leur feu nouveau. Et alors l'île, basculant jusqu'aux rives du fleuve, en quittant le lit, et ici, sous mes pieds, le miracle — physique — s'est produit, non sans effort et avec tout l'incroyable labeur de la parturition et de la croissance. J'ai lu que le gothique français attire le regard jusqu'aux cieux... qu'il semble défier les lois de la pesanteur, qu'il repousse les limites de la pierre. Je pense que Notre-Dame et ses égales sont les symboles de cette grisante pensée.

... Mes fils sont trop jeunes pour l'abstrait, mais je veux les emmener sur l'île avec moi et pour eux lever le rideau sur ces merveilleux fantômes. César s'est tenu là où vous êtes maintenant. Ici c'est Richard Cœur de Lion qui a fait sonner le pavé du trot de son palefroi. Ici, François Iᵉʳ s'est promené ; peut-être Léonard était-il à ses côtés. Ici encore Abélard dénoua son capuchon et entonna son prêche. Ce cortège à grand spectacle enchante mes garçons. Un peu plus tard, nous descendons près du fleuve ; assis sur la pierre, nous balançons nos jambes au-dessus de l'eau... Patiemment, nous attendons que l'un des nombreux pêcheurs ait attrapé un poisson et lorsque, enfin, une menue chose a mordu, nous nous précipitons pour voir de plus près et pour féliciter... Ce goujon est un triomphe qu'un pêcheur de grand fond ne connaîtra jamais.

À L'AUBE... MONTMARTRE

Il était trois heures passées... Nous montâmes en zigzags vers le Sacré-Cœur... La nuit, vu de Montmartre, Paris prend un air magique ; il repose dans le creux d'un bol comme un énorme joyau qui aurait volé en éclats.

A l'aube, Montmartre revêt un charme indescriptible. Une lueur rose se répand sur la blancheur pâle des murs. Peints en bleu et rouge brillant sur les murs décolorés, les immenses panneaux publicitaires ressortent avec une fraîcheur qui n'est rien de moins que voluptueuse. Contournant la colline, de l'autre côté, nous rencontrâmes un groupe de jeunes religieuses, chacune si pure et virginale, si parfaitement reposée, si calmes et pleines de dignité, que nous eûmes honte de nous-mêmes. Un peu plus loin nous tombâmes sur un troupeau de chèvres frayant leur chemin en désordre le long de la pente précipitée ; derrière, un crétin pleinement épanoui les suivait nonchalamment, jouant quelques notes insolites de temps à autre. Une ambiance de tranquillité parfaite, de paix totale, régnait ; ç'aurait pu être un matin du quatorzième siècle.

UNE NUIT À PARIS

Tu es partie, la lumière a sombré.
J'ai senti la nuit d'hiver me griffer,
Et des larmes en silence me fendre,
Comme l'horizon corrompu de nuages.
J'ai touché l'amère nuit de Paris...
... Il est resté de toi un parfum qui se penche,
Et l'écho des adieux : « A bientôt ! »
De toi, cet horizon de fleurs coupées, sages,
Astres bleus et rouges : rêve d'enfant.
Enfance, enfance ! Où ? Regarde, nous sommes coquillage
    dans un étang,
Des verres y tintinnabulent et des cloches s'éveillent.
Prunes, raisins, grenades. Les jarres s'emplissent à pleins
    bords...
... L'or de la terre. Là-bas, très loin miaulements, abois :
Mes mains ont pris ta main.
« A bientôt ! »
Tu es partie. La lumière a sombré.

Il y a ta promesse, amie...
... Tu viendrais vers l'Irak.
De mon cœur je ferai le chemin de tes pas,
Le printemps éclaterait avec les branches,
Comme Ishtar tombant du ciel.
Mûriers, lauriers-roses, et palmiers
Nous versent déjà leurs odeurs.
Et c'est le crépuscule, et c'est le Tigre,
Et le léger batelier qui chantonne :

« Si j'étais, si j'étais l'étoile du matin... »
... Plus d'étoiles. Rien que nous, les amants.
Tu es partie, la lumière a sombré.
Il est resté de toi un parfum qui se penche
Et l'écho : « A bientôt ! »
Et l'horizon de fleurs coupées, sages,
Dans un vase.

« VOUS ME PERMETTEZ D'ABOYER ? »

... Je sors de chez A. — au fond du quartier de la Muette — vers deux heures du matin. Je descends à pied vers la Seine. La nuit est claire, un vent tiède souffle de l'Ouest, chargé de l'odeur douce des bois de Sèvres, de Saint-Cloud. Je reconnais l'odeur fraîche des futaies, l'odeur maigre des bouleaux, l'odeur un peu fade des marronniers, l'odeur des noisetiers : je marche lentement vers Chaillot respirant l'haleine humide de la Seine.

Un chien aboie au loin, de l'autre rive. Des camions passent avec un bruit de ferraille. Un cycliste vient à ma rencontre, la poitrine enroulée dans des pneus en forme de huit, semblable (ô Cocteau !) au chiffre huit roulé autour du caducée de Mercure. La Tour Eiffel cligne son œil aérien, dans les prairies bleues du ciel nocturne des étoiles ondulent au vent comme des primevères. Dans ce ciel de décembre terne et luisant quelque chose de printanier passe qui ressemble au vent de mai. Des vers de Omar Khayyam me reviennent en mémoire, les vers qui chantent les prés des hauts plateaux de l'Asie courbés sous le vent de l'est. Je me sens jeune, libre, heureux. Ma nature canine me revient ; je me mets à aboyer, comme je le fais sur la plage de Forte dei Marmi..., la nuit, quand je me sens jeune, libre, heureux. Les chiens de l'autre rive de la Seine me répondent, je leur parle dans leur langage, je marche en aboyant, de cet aboiement long, amoureux, des chiens en amour. Sous le pont du métro de Grenelle, un sergent de ville s'approche de moi, me dit : « Monsieur fait le chien de garde ?...

— Est-ce que c'est défendu, à Paris, d'aboyer dans les rues ?

— Non, ce n'est pas défendu. Si vous avez payé la taxe.

— Vous me permettez d'aboyer ? C'est mon seul plaisir.

— Faites, monsieur », me dit-il.

NOSTALGIE

Quand
la nuit va s'évanouir
Peu avant le printemps
et que rarement
quelqu'un passe

Sur Paris se condense
une sombre couleur
de larmes

Au coin
d'un pont
je contemple
le silence sans fin
d'une fille
grêle

Nos deux maladies
se confondent

Et comme emportés
on reste là.

Albert AYGUESPARSE

PARIS NAÎT DE PARIS

Paris des braseros, Paris des barricades,
Paris qui s'émerveille au bout de la journée,
Quand l'amour fatigué des rideaux de cretonne
Respire à la fenêtre un air de liberté,
Paris qui ne dort pas quand le monde sommeille,
Paris naît de Paris dans son décor de suie.

Sous le vieux ciel rayé par le vent des émeutes,
Son grand bûcher troué de rires et de perles
Eclaire le sommeil paisible des amants.

... En plein vent, la tête et les mains dans le silence
Paris respire à peine et replie doucement
Sa songerie et ses longues jambes de pierre.

Alouette ou caille, on ignore le nom
De son bonheur, de ses soupirs, de ses fantômes,
Des boucles de la Seine entre les cils humides
Du matin, scintillante et fiancée au monde ;
Mais je connais le bruit de son cœur de cristal
Et lis son nom parmi les étoiles mourantes.
L'été couvert d'oiseaux dans la force de l'âge,
L'été, les cheveux pleins de brindilles de feu,
S'arrête sur Paris et se mouille les lèvres
Sur Paris qui écoute rêve de bonheur.

UN SUÉDOIS AU CIMETIÈRE MONTPARNASSE

Un an s'est écoulé depuis ma première promenade matinale au Cimetière Montparnasse. J'ai vu tomber les feuilles des ormes et des tilleuls, j'ai vu tout reverdir, les glycines et les roses fleurir sur le tombeau de Théodore de Banville, j'ai entendu le merle commencer sa chanson séductrice sous les cyprès, et les pigeons inaugurer la pariade sur les tombeaux.

... En entrant dans le cimetière... les songes malsains de la nuit me poursuivent encore, mais je les laisse à la grand-porte. Le vacarme des rues se meurt et la paix des morts le remplace.

Seul toujours à cette heure matinale, je me suis habitué à regarder ce champ d'asile comme mon jardin de plaisance, de façon que je considère un visiteur occasionnel comme un indiscret : moi et les morts !

... Dans ce jardin immense, les petites chapelles ornées comme des maisons de poupées, parsemées de croix qui protestent les deux bras levés vers le ciel, criant à haute voix : « O crux ave, spes unica ! » C'est la confession générale, il me semble, de l'humanité souffrante... Et en vain les bustes des petits rentiers, avec ou sans la croix d'honneur, s'érigent-ils pour faire voir qu'il y a une autre espérance posthume. On m'avait déconseillé ces visites fréquentes comme étant périlleuses à cause des miasmes gisant là-haut. En effet j'avais remarqué un arrière-goût de vert-de-gris qui restait dans la bouche encore deux heures après ma rentrée à la maison. Les âmes, je veux dire les corps dématérialisés, se tenaient donc flottant dans l'air : ce qui m'amena à la tentative de les prendre et de les analyser.

Muni d'un petit flacon rempli d'acétate de plomb liquide, j'entame cette chasse aux âmes, je veux dire corps, et serrant la fiole débouchée dans la main fermée, je me promène comme un oiseleur exempt de la peine de leurrer ma proie.

Chez moi, je filtre le précipité abondant et le place sous le microscope.

Pauvre Gringoire ! Est-ce vraiment de ces petits cristaux qu'était composé le cerveau-machine qui, dans ma jeunesse, éveillait mes sympathies de poète en détresse ? ... Ou bien toi, d'Urville, qui me paya mon premier tour du monde, pendant les longues soirées de l'hiver, loin d'ici, sous l'aurore boréale, en Suède, entre la férule et la leçon ?

Henri MEILHAC et Ludovic HALÉVY

UN BRÉSILIEN À PARIS

Je suis Brésilien, j'ai de l'or,
Et j'arrive de Rio de Janeire
Plus riche aujourd'hui que naguère
Paris je te reviens encor !
Deux fois je suis venu déjà,
J'avais de l'or dans ma valise,
Des diamants à ma chemise,
Combien a duré tout cela ?
Le temps d'avoir deux cents amis
Et d'aimer quatre ou cinq maîtresses,
Six mois de galantes ivresses,
Et plus rien ! O Paris ! Paris !
En six mois tu m'as tout raflé,
Et puis, vers ma jeune Amérique,
Tu m'as, pauvre et mélancolique,
Délicatement remballé !
Mais je brûlais de revenir,
Et là-bas, sous mon ciel sauvage,
Je me répétais avec rage :
Une autre fortune ou mourir !
Je ne suis pas mort, j'ai gagné
Tant bien que mal, des sommes folles,
Et je viens pour que tu me voles
Tout ce que là-bas j'ai volé !

FRÉDÉRIC CHOPIN DÉCOUVRE PARIS

18 sept. 1831... On trouve à la fois ici le plus grand luxe et la plus grande saleté, la plus grande vertu et le plus grand vice... du bruit, du vacarme, du fracas et de la boue plus qu'il n'est possible de se l'imaginer. On disparaît dans ce paradis et c'est bien commode : personne ne s'y informe du genre de vie qu'on mène.

8 décembre 1831... Porté par le vent, je suis arrivé ici. On y respire doucement mais peut-être est-ce pourquoi on y soupire davantage. Paris c'est tout ce que tu veux. A Paris on peut s'amuser, s'ennuyer, rire, pleurer, faire tout ce qui vous plaît ; nul ne vous jette un regard car il y a des milliers de personnes qui y font la même chose et chacun à sa manière.

L.VIVIN

Les Paris
de Paris

PRÉSENTATION DE PARIS
À CINQ HEURES DU SOIR

... Paris s'ouvrait comme une main chargée de pouvoirs, traversée d'influences contraires, sillonnée de lignes secrètes que le regard des visiteurs, du haut des monuments, n'avait pas aperçues, qui ne figuraient sur aucun plan, qu'aucun voyageur des trains ne verrait mentionnées sur son guide, mais qui commandaient même de loin les attractions, les répulsions, et selon lesquelles se faisaient à chaque minute toutes sortes de choix individuels et de clivages de destinées.

Chacune commençait sur quelque point de la périphérie... faisait des anses et des boucles, s'arborisait, croisait d'autres lignes, semblait les épouser un moment ; allait mourir à l'autre bout de Paris, ou revenait au contraire se clore sur elle-même.

Il y avait la ligne de la richesse qui courait comme une frontière émouvante et douteuse, souvent avancée ou reculée... le pôle de la pauvreté, dont les pâles effluves, les aurores vertes et glacées oscillaient... Il y avait la ligne des affaires qui ressemblait à une poche contournée, un estomac de ruminant... pendant jusqu'au contact du fleuve... Il y avait... le chemin phosphorescent de l'amour charnel... avec des ramifications, çà et là, des aigrettes ou de larges épanchements stagnants.

Il y avait la ligne du travail, la ligne de la pensée, la ligne du plaisir... Mais il suffit d'avoir deviné dans le crépuscule un peu de ces tracés mystérieux. Ils se révéleront mieux plus tard, pour des yeux entraînés à les déchiffrer.

PARIS EN MINIATURE

... Là, des commères qui bavardent ;
Là, des vieillards ; là, des enfants ;
Là, des aveugles qui regardent
Ce que leur donnent les passants ;
Restaurateurs, apothicaires,
Commis, pédants, tailleurs, voleurs,
   Rimailleurs,
   Ferrailleurs,
   Aboyeurs,
Juges de paix et gens de guerre,
Tendrons vendus, quittés, repris...
   Voilà Paris.

Maint gazetier, mainte imposture,
Maint ennuyeux, maint ennuyé,
Beaucoup de fripons en voiture,
Beaucoup d'honnêtes gens à pié,
Epigrammes, compliments fades,
Vaudevilles, sermons, bouquets,
   Et ballets,
   Et placets,
   Et pamphlets,
Madrigaux, contes bleus, charades,
Vers à la rose, pots-pourris...
   Voilà Paris.

... Hôtels brillants, places immenses,
Quartiers obscurs et mal pavés,
Misères, excessives dépenses,
Effets perdus, enfants trouvés,
Force hôpitaux, force spectacles,
Belles promesses sans effets,
   Grands projets,
   Grands échecs,
   Grands succès,
Des platitudes, des miracles,
Des balles, des jeux, des pleurs, des cris...
   Voilà Paris.

LE PONT MIRABEAU

Sous le pont Mirabeau coule la Seine
    Et nos amours
Faut-il qu'il m'en souvienne
La joie venait toujours après la peine

      Vienne la nuit sonne l'heure
      Les jours s'en vont je demeure.

Les mains dans les mains restons face à face
    Tandis que sous
Le Pont de nos bras passe
Des éternels regards l'onde si lasse

      Vienne la nuit sonne l'heure
      Les jours s'en vont je demeure...

Passent les jours et passent les semaines
    Ni temps passé
Ni les amours reviennent
Sous le pont Mirabeau coule la Seine

      Vienne la nuit sonne l'heure
      Les jours s'en vont je demeure.

LE DIZ DES RIBAUX DE GREIVE

Ribaut, or estes vos a point :
Li arbre despoillent lor branches
Et vos n'aveiz de robe point,
Si en avreiz froit a vos hanches.
Queil vos fussent or li porpoint
Et li seurquot forrei a manches !
Vos aleiz en estei si joint
Et en yver aleiz si cranche !
Votre soleir n'ont mestier d'oint :
Vos faites de vos talons planches.
Les noires mouches vos ont point,
Or vos repoindront les blanches.

LE DIT DES RIBAUDS DE GRÈVE

Ribauds, vous êtes bien à l'aise.
Les arbres dépouillent leurs branches
Et vous n'avez aucun habit,
Vous en aurez froid à vos hanches.
Qu'ils vous serviraient, les pourpoints
Et les surcots à manches !
Vous allez en été si vifs
Et en hiver si engourdis !
Vos souliers n'ont besoin de graisse :
Vos talons, ce sont vos semelles.
Vous ont piqués les noires mouches ;
Maintenant piqueront les blanches.

LA GRÈVE

Malheureux espace de terre,
Au gibet public consacré,
Terrain où l'on a massacré
Cent fois plus d'hommes qu'à la guerre ;
Certes, Grève, après maint délict,
Vous estes, pour mourir, un lit
Bien commode pour les infames,
Puis qu'ils n'ont qu'à prendre un bateau
Et, d'un coup d'aviron, leurs ames
S'en vont en Paradis par eau.

L'HÔPITAL SAINT-LOUIS

Voicy la Maison de la peste
Ou l'Hostel des pestiferez :
Destournons nos yeux égarez
De dessus cet objet funeste ;
Je ne puis pourtant en secret
A ce superbe lazaret
M'empescher de donner le reste ;
Pourquoi faut-il pays foutu,
Donner un palais à la peste,
Et laisser pester la vertu ?

LE PONT NEUF

Faisons icy renfort de pointes :
Ce chemin nous meine au Pont-Neuf ;
D'un bon régal de nerfs de bœuf
Saluons ces voûtes mal jointes !
Vrayement, pont-Neuf, il fait beau voir
Que vous ne vous déniez mouvoir,
Quand les étrangers vous font feste :
Sçavez-vous bien, nid de filoux
Qu'il passe de plus grosses bestes
Par dessus vous que par dessous ?

LOUVRE...

Louvre les rois les reines ont couché là
Au milieu des ors et des satins ducaux
Et Louvre est encor eux dans ses divers visages
D'ici c'est Louis de là François et voici Henri
Et si le Roy Henri m'avait donné Paris
Mais c'est l'heure où il rentra presque froid
Le roi-homme au cœur percé père de la poule
La poule Henri le roi-image Henri et son Sully
Du casque et du chapeau tous les deux ils ont fait
Broder ou rêver toute une envergurée de France
Trente ans de rudes brassages des forces planétaires
Les doigts d'Henri joints aux doigts de Sully
Etrange et forte accolade entre l'hiver et l'été
Trois siècles ont flambé quoi des tonnes de temps
Ils sont encor amis en ligne droite tout du long
Le Boulevard peut compter sur la fidélité du Pont...

Georges SIMENON

SUR LES QUAIS DE LA SEINE

L'arroseuse passa, avec le crissement de son balai tournant qui remuait l'eau sur l'asphalte, et c'était comme si on avait peint en sombre la moitié de la chaussée.

... Les choses prenaient leur place, comme pour une apothéose. Les tours de Notre-Dame, dans le ciel, s'entouraient d'une auréole de chaleur, et, là-haut, des moineaux, figurants presque invisibles de la rue, se casaient près des gargouilles. Un train de péniches, avec un remorqueur au triangle blanc et rouge, avait traversé tout Paris, et le remorqueur baissait sa cheminée pour saluer ou pour passer sous le pont.

Le soleil se répandait, gras et luxuriant, fluide et doré comme une huile, mettant des reflets sur la Seine, sur le pavé mouillé par l'arroseuse, à une lucarne et sur un toit d'ardoises, dans l'île Saint-Louis ; une vie sourde, juteuse, émanait de la matière, les ombres étaient violettes comme sur les toiles impressionnistes, les taxis plus rouges sur le fond blanc et les autobus plus verts.

Une brise légère communiqua un frémissement au feuillage d'un marronnier, et ce fut, tout le long des quais, un frisson qui gagnait de proche en proche, voluptueux, une haleine rafraîchissante qui soulevait les gravures épinglées aux boîtes des bouquinistes.

Des gens étaient venus de très loin, des quatre coins du monde, pour vivre cette minute-là.

... Paris était immense et calme, presque silencieux, avec des gerbes de lumière, des pans d'ombre aux bons endroits, des bruits qui pénétraient le silence au moment opportun.

LA SEINE

... Elle roucoule coule coule
Dès qu'elle entre dans Paris
Elle s'enroule roule roule
Autour de ses quais fleuris
Elle chante chante chante
Chante chante le jour et la nuit
Car la Seine est une amante
Et son amant c'est Paris

Elle traîne d'île en île
Caressant le vieux Paris
Elle ouvre ses bras dociles
Au sourire du roi Henri
Indifférente aux idylles
De la mairie de Paris
Elle court vers les idylles
Des amants des Tuileries

Elle roucoule coule coule
Du pont Neuf jusqu'à Passy
Elle est saoule saoule saoule
Au souvenir de Bercy
Elle chante chante chante
Chante chante le jour et la nuit
Si sa marche est zigzagante
C'est qu'elle est grise à Paris

Flavien MONOD

Mais la Seine est paresseuse
En passant près de Neuilly
Ah comme elle est malheureuse
De quitter son bel ami
Dans une étreinte amoureuse
Elle enlace encore Paris
Pour lui laisser généreuse
Une boucle à Saint-Denis

Flavien MONOD

Elle roucoule coule coule
Sa complainte dans la nuit
Elle roule roule roule
Vers la mer où tout finit
Elle chante chante chante
Chante chante l'amour de Paris
Car la Seine est une amante
Et Paris dort dans son lit

PARIS DU HAUT DES TOURS
DE NOTRE-DAME

En 1482

... Pour le spectateur qui arrivait essoufflé sur ce faîte, c'était d'abord un éblouissement de toits, de cheminées, de rues, de ponts, de places, de flèches, de clochers. Tout vous prenait aux yeux à la fois, le pignon taillé, la toiture aiguë, la tourelle suspendue aux angles des murs, la pyramide de pierre du onzième siècle, l'obélisque d'ardoise du quinzième, la tour ronde et nue du donjon, la tour carrée et brodée de l'église, le grand, le petit, le massif, l'aérien. Le regard se perdait longtemps à toute profondeur dans ce labyrinthe, où il n'y avait rien qui n'eût son originalité, sa raison, son génie, sa beauté, rien qui ne vînt de l'art, depuis la moindre maison à devanture peinte et sculptée, à charpente extérieure, à porte surbaissée, à étages en surplomb, jusqu'au royal Louvre... Cet édifice démesuré dont la grosse tour ralliait vingt-trois maîtresses tours autour d'elle sans compter les tourelles... cette hydre de tours, gardienne géante de Paris, avec ses vingt-quatre têtes toujours dressées, avec ses croupes monstrueuses, plombées ou écaillées d'ardoises, et toutes ruisselantes de reflets métalliques, terminait d'une manière surprenante la configuration de la Ville au couchant.

François RABELAIS

COMMENT GARGANTUA PAYA
SA BIENVENUE AUX PARISIENS

... Il visita la ville et fut vu de tout le monde en grande admiration, car le peuple de Paris est tant sot, tant badaud et tant inepte de nature, qu'un bateleur, un porteur de rogatons, un mulet avec ses cymbales, un vielleux au milieu d'un carrefour, assemblera plus de gens que ne ferait un bon prêcheur évangélique.

Et tant molestement le poursuivirent qu'il fut contraint de se reposer sur les tours de l'église Notre-Dame. Auquel lieu étant, et voyant tant de gens à l'entour de soi, dit clairement :

« Je crois que ces maroufles veulent que leur paie ici ma bienvenue et mon proficiat. C'est raison. Je leur vais donner le vin, mais ce ne sera que par rys. »

Lors, en souriant, détacha sa belle braguette et tirant sa mantule en l'air, les compissa si aigrement qu'il en noya deux cent soixante mille quatre cent dix-huit, sans les femmes et les petits enfants.

Quelque nombre d'iceulx évada ce pissefort à la légèreté des pieds, et quand ils furent au plus haut de l'Université, suants, toussants, crachants et hors d'haleine, commencèrent à renier et à jurer, les uns en colère, les autres par rys. « Par sainte Mammye nous sommes baignés par rys. » Dont fut depuis la ville nommée Paris.

LA BASTILLE

... Fallut partir. Je fus bientôt conduit
En coche clos, vers le royal réduit,
Que, près Saint-Paul, ont vu bâtir nos pères
Par Charles V. O gens de bien, mes frères,
Que Dieu vous gard' d'un pareil logement !
J'arrive enfin dans mon appartement.
Certain croquant, avec douce manière,
Du nouveau gîte exaltait les beautés,
Perfections, aises, commodités.
« Jamais Phoebus, dit-il, dans sa carrière
De ses rayons n'y porta la lumière.
Voyez ces murs de dix pieds d'épaisseur ;
Vous y serez avec plus de fraîcheur. »
Puis, me faisant admirer la clôture,
Triple la porte et triple la serrure,
Grilles, verrous, barreaux de tout côté :
« C'est, me dit-il, pour votre sûreté. »
Midi sonnant, un chaudeau l'on m'apporte ;
La chère n'est délicate ni forte :
De ce beau mets je n'étais point tenté ;
Mais on me dit : « C'est pour votre santé ;
Mangez en paix, ici rien ne vous presse. »
Me voici donc en ce lieu de détresse,
Embastillé, logé fort à l'étroit,
Ne dormant point, buvant chaud, mangeant froid,
Trahi de tous, même de ma maîtresse...

À LA PORTE DE NESLE

CYRANO
— C'est compris ! Défendu de me prêter main-forte !
On y est ?... Un, deux, trois ! Portier, ouvre la porte !

Ah ! Paris fuit, nocturne et quasi nébuleux ;
Le clair de lune coule aux pentes des toits bleus ;
Un cadre se prépare, exquis, pour cette scène ;
Là-bas, sous des vapeurs en écharpe, la Seine,
Comme un mystérieux et magique miroir,
Tremble... et vous allez voir ce que vous allez voir !

TOUS
A la Porte de Nesle !

CYRANO
A la Porte de Nesle !

Paul FORT

PREMIER RENDEZ-VOUS

Square Monge

Ivresse du printemps ! et le gazon tourne autour de la statue de Voltaire. — Ah ! vraiment, c'est d'un beau vert, c'est très joli, le Square Monge : herbe verte, grille et bancs verts, gardien vert, c'est, quand j'y songe, un beau coin de l'univers. — Ivresse du printemps ! et le gazon tourne autour de la statue de Voltaire.

Et c'est plein d'oiseaux dans les arbres pâles où le ciel ouvre ses fleurs bleues. — Les pigeons s'aiment d'amour tendre. Les moineaux remuent leur queue. J'attends... Oh ! je suis heureux, dans ce délice de l'attendre. Je suis gai, fou, amoureux ! — et c'est plein d'oiseaux dans les arbres pâles, où le ciel ouvre ses fleurs bleues.

Je monte sur les bancs couleur d'espérance, ou bien je fais de l'équilibre... sur les arceaux du parterre, devant la statue de Voltaire. Vive tout ! Vive moi ! Vive la France ! Il n'est rien que je n'espère. J'ai les ailes de l'espérance. — Je monte sur les bancs pour quitter la terre, ou bien je fais de l'équilibre.

Elle a dit : une heure ; il n'est que midi ! Aux amoureux l'heure est brève. — L'oiseau chante, le soleil rêve. Chaque fois qu'Adam rencontre Eve, il leur faut un paradis. Derrière la grille, au soleil, l'omnibus y pense engourdi. — Elle a dit : une heure ; il n'est que midi. Aux amoureux l'heure est brève.

... Ah ! printemps, quel feu monte de la terre ! quel feu descend du ciel, printemps ! — Devant la statue de Voltaire, j'attends ma nouvelle Manon. Et cependant qu'elle tarde, Voltaire, assis, est patient : je regarde ce qu'il regarde, une pâquerette dans le gazon. J'attends — J'attends, ô ciel ! j'attends, ô terre ! sous toutes les flammes du printemps !

Deux heures. Eparpillons cette marguerite. « Un peu, beaucoup, passionnément... » — Passionnément, petite Manon, viens vite, accours, je t'en supplie. — Hé ! toi, tu souris d'un sourire à me rendre fort mécontent. Sale encyclopédiste ! — Oh !... la voici sous toutes les flammes du printemps.

Et les arbres tournent et le gazon tourne autour de la statue de Voltaire — Décidément c'est d'un beau vert, c'est délicieux, le Square Monge : herbe verte, grille et bancs verts, gardien vert, c'est, quand j'y songe, un beau coin de l'univers. — Je monte sur un banc couleur d'espérance. On doit me voir de toute la France !

LES CRIS DE PARIS

Pastez très tous chaulx, tous chaulx, qui l'aira, l'aira ?
Vin blanc cleret, vin vermeil à six deniers !
Tartelettes friandes, je les donne, je les vends... à l'enseigne du
    bateau qui est en la rue de la Harpe !
... Poys vers, poys vers, pys roys vers !
Alumet, alumet !
A la belle gaufre, à la belle gaufre !
Fault il point de saulce vert ?
Moustarde fine !
Guigne, doulce guigne !
... Charlotte m'amye. Appétit nouveau, petit, appétit nouveau.
... A ung tournoi le chapelet !
... Choux, petiz choux tout chaulx.
Fault il point de boys ?
Arde chandelle.
... A Paris sur petit pont, géline de feurre !
Si vous en voulez plus ouyr, allez les donc quérir.

LES CRIS DE PARIS

— La canneuse', racc'modeuse de chai's

— Marchand d'chiffons, ferraill' à vendre !

— Artichaux, des gros artichaux... à la tendress'... en v'là des gros, des bien beaux !

— Du mouron pour les p'tits oiseaux !

— V'là d'la carotte, elle est bell', v'là d'la carotte !

— Ah ! chanson des Paris où vibre et palpite mon âme.

Naïfs et vieux refrains du faubourg qui s'éveille, aube sonore qui réjouit mon oreille !

— Cris de Paris... voix de la rue !...

Paul SCARRON

LES EMBARRAS DE PARIS
... AU 17ᵉ SIÈCLE

... Ces cochers ont beau se hâter,
Ils ont beau crier : Gare ! gare !
Ils sont contraints de s'arrêter ;
Dans la presse rien ne démarre.

... Mais je commence à me lasser
D'être si longtemps dans la boue :
Porteurs, laissez un peu passer
Ce carrosse, qu'il ne vous roue !...

François COLLETET

LES EMBARRAS DE PARIS
... AU 17ᵉ SIÈCLE

Car c'est un embarras étrange
Qu'un si grand coche dans la fange ;
C'est presqu'un village roulant
Qui n'avance que d'un pas lent,
Et qui trouve dedans les rues
Toujours quelques coques-cigrues,
Des carrosses et des charrois,
Qui l'arrêtent autant de fois,
Brisent essieu, disloquent roue
Et couvrent les passants de boue.

LES EMBARRAS DE PARIS
... AU 17ᵉ SIÈCLE

Jamais dedans une assemblée
De deux cent mille combattants
On ne peut voir en même temps
Tant d'attirail et de mêlée.
Que d'insensés et que de fous !
Tout est-il sens dessus dessous ?
De tous côtés on me dit : Gare !
Et je ne sais duquel tourner.
Dans cet horrible tintamarre
On n'entendrait pas Dieu tonner.

LE PAYSAN DE PARIS CHANTE

L'air que siffle un passant vers soixante dut plaire
Sous les fers des chevaux les pavés ont poli
Un immeuble m'émeut que j'ai vu démoli
Cet homme qui s'en va n'est-ce pas Baudelaire
Ce luxe flambant neuf la rue de Rivoli.

... Il se fait un silence à la fin des quadrilles
Paris rêve et qui sait quels rêves sont les siens
Ne le demandez pas aux Académiciens
Le secret de Paris n'est pas au Bal Mabille
Et pas plus à la cour qu'au conseil des Anciens.

... Quand la chanson disait Tu reverras Paname
Ceux qu'un œillet de sang allait fleurir tantôt
Quelque part devant Saint-Mihiel ou Neufchâteau
Entourant le chanteur comme des mains la flamme
Sentaient frémir en eux la pointe du couteau.

... Ce jour-là vous rendrez voulez-vous ma complainte
A l'instrument de pierre où mon cœur l'inventa
Peut-on déraciner la croix du Golgotha
Ariane se meurt qui sort du labyrinthe
Cet air est à chanter boulevard Magenta.

Louis ARAGON

Une chanson qui dit un mal inguérissable
Plus triste qu'à minuit la place d'Italie
Pareille au Point-du-Jour pour la mélancolie
Plus de rêves aux doigts que le marchand de sable
Annonçant le plaisir comme un marchand d'oublies.

Une chanson vulgaire et douce où la voix baisse
Comme un amour d'un soir doutant du lendemain
Une chanson qui prend les femmes par la main
Une chanson qu'on dit sous le métro Barbès
Et qui change à l'Etoile et descend à Jasmin.

LE LUXEMBOURG

... Et c'est l'heure où, quittant leurs retraites, les Muses
Qu'effarouchent le jour, et la foule, et le bruit,
Profitent du silence amical de la nuit
Pour s'en venir rôder sous les branches confuses.

Elles vont, viennent, jouent, traversent un sentier,
S'arrêtent sous les yeux indulgents de Banville,
Vont distraire un moment de son rêve tranquille
Le bon Watteau perdu dans le jardin fruitier.

Ou, pieds nus, le corps ceint d'écharpes agrafées,
Elles glissent autour des parterres fleuris.
Mais Banville et Watteau ne sont pas trop surpris
Ayant toujours vécu dans le pays des fées.

Verlaine songe à des paysages choisis.
La Velléda sourit à la nuit enchantée.
Et, quittant leur fontaine, Acis et Galatée
Echappent au Titan qui fronce les sourcils.

... Et j'attends, et j'écoute, et j'épie, enivré
Par les tièdes senteurs qui montent des charmilles.
Tout rêve, et le fait seul d'en avoir clos les grilles
Du parc inaccessible a fait un bois sacré.

Claude Michel CLUNY

PÉRIPHÉRIE

Le vent d'ouest avale la mélopée du boulevard. Recrache des glaires de métal cambouis des kawabata papiers sales peignes cassés à ramer dans les tifs en boule des afro. La musique aux oreilles les tours dans le soleil là-bas promis par l'autoroute. Les ascenseurs qu'on coince les morceaux de bécane moulinex ajax dieux zonards creuses déesses. Ecoutez le chœur des mères vineuses gueulant sur le palier. Carambolage aumône du ciel entre deux pluies. Les fenêtres des tours comme un stade pour une corrida de la tôle les tires qui flambent dans le vent gris l'haleine dégeu les étoiles bleues des cars de flics. Dis Marlène si tu veux d'une rousse la bouche encore pleine des plus grands pompés sous l'escalier Les sirènes des Samu. Les plus mômes y seront pour l'automne là le dos au béton la gueule tirée l'amour bien dur dans la poche. V'là le soleil qui flanche la minuterie connaît pas c'est la vie en blême. T'as pas des crampes aux dents Marlène Demain y fera beau les amygdales toujours au goulot.

La téloche livide est dans les tombes à tous les étages Z'ont déblayé le ruban de béton du rêve Les niards talochés les bagnoles gazoilent comme des oiseaux. Patrick est en cabane dit Paulo Belle Bouche Y nous faut un avant-centre Paulo beau pour un love story Le ballon tape dans les murs le moulin des bécanes tape dans la tête. Un vieux blues pend d'une fenêtre usé jusqu'à sa corde merdique On se la passerait derrière les oreilles à s'faire un pendu bien raide terrible avec la nuit qui pourrit dans les flaques du béton. L'herbe vous avez déjà vu Pas celle qu'on prend — ça fait rêver parce que les mômes à l'école savent même plus inventer des fleurs. Des fenêtres d'en haut on peut mirer Panam dans un bain bleu pas tellement moussant (shell qu'on aime est pour tout le monde) La mère eiffel a l'air d'une patte en l'air Une jambe de pute avec, le soir, un bas en résille en or.

À PANTRUCHE

Brune fille d'Angevins,
Pour tout faire elle était bonne
Chez un vieux marchand de vins,
      A Charonne

Quand le maître en eut soupé,
Elle erra, sans domicile,
Sur le pavé retapé,
      A Bell'ville

Un soir elle rencontra
Un boucher, sans gigolette,
Qui voulut l'emmener à
      La Villette.

Mais les bouchers sont brutaux,
Elle reçut des torgnolles
Puis, une nuit, s'enfuit aux
      Batignolles...

Fit la rencontre d'un cocher
Qui cherchait une femelle
Et l'emmena bâcher
      A Grenelle

Puis, son ventre ayant grossi,
Elle accoucha, dans un bouge,
Par là... pas trop loin d'Issy...
      A Montrouge

Pour élever l'innocent,
Elle dut se mettre en carte
Et travailler le passant,
  A Montmart'e.

Et voilà !... Mince d'chopin !...
Faut vraiment être grenuche
Pour venir chercher son pain,
  A Pantruche.

BOHÈME

A Maurice Utrillo

La rue avec ses maisons blêmes,
Ses débits, ses trottoirs luisants
Et ses hasards, toujours les mêmes,
Nous savons trop pourquoi il l'aime,
Depuis le temps de sa bohème,
D'un cœur qui muse et va gueusant...

... Sous le métro de la Chapelle
Près des garnis à vingt-cinq sous
C'est toujours lui, cet homme saoul,
Qui bat les murs et qui appelle
On ne sait qui, d'on ne sait où.

Son étoile était de la fête.
Il la voyait dans le ruisseau
Trembler comme un regard de bête,
Battue et portant bas la tête,
Sous les coups qui tombent d'en haut,
Sans se douter que c'était cette
Pauvre étoile, dans le ruisseau,
Qui le suivait, comme un poète.

Une nuit, il la ramassa
Et, l'essuyant contre sa manche,
S'aperçut bien qu'elle était blanche
Mais ne brillait pas tant que ça...

Jacques REDA

HAUTEURS DE BELLEVILLE

Ayant suivi ce long retroussement d'averses,
Espérions-nous quelque chose comme un sommet
Au détour des rues qui montaient
En lentes spirales de vent, de paroles et de pluie ?
Déjà les pauvres maisons semblaient détachées de la vie ;
Elles flottaient contre le ciel, tenant encore à la colline
Par ces couloirs, ces impasses obliques, ces jardinets
Où nous allions la tête un peu courbée, sous les nuages,
En troupeaux de gros animaux très doux qui descendaient
Mollement se rouler dans l'herbe au pied des palissades
Et chercher en soufflant la tiédeur de nos genoux.
Nos doigts, nos bouches s'approchaient sans réduire l'espace
Entre nous déployé comme l'aire d'un vieux naufrage,
Après l'inventaire du vent qui s'était radouci,
Touchait encore des volets, des mousses, des rouages
Et des copeaux de ciel au fond des ateliers rompus,
Frôlait dans l'escalier où s'était embusquée la nuit
L'ourlet déchiré d'une robe, un cœur sans cicatrice.

MUNIFICENCE 33

« Belleville est tout au muguet. C'est le Grand Jour, c'est 1er Mai. Rebondissons vers Belleville à travers les sergents de ville,

ces petits inquiets si nombreux qu'aux champs de blé les bleuets bleus ». — « Mais ils sont noirs ! » — Ça ne fait rien. Courage Lily ! Tout va bien

quand il fleure jusques au lit du Bon Dieu, le muguet joli ! Refranchissons le cimetière. Salut à Balzac, à Molière,
grand salut, voire exagéré, au vieux mur noir des fédérés, baisers à Musset, cher trésor, content qu'il "vive" entre les morts.

N'éternue point, ce jour de fête. Ils pourraient croire à la Trompette. Revénérons, ô Héloïse et Abeilard, votre mouise.

... Ce 1er Mai, lundi, midi, que je suis aise ! Et je le dis à tous, à toi, aux midinettes, aux flics noirs, malgré leurs « trompettes ».

Voici de l'ouvrier, du bon, du vrai, du subtil, du complet, du tout France et puis, sacrénom ! ne chiant pas sur Rabelais.

Ça s'entr'emmerde et s'entr'embrasse, un verre dans le nez, ça rit ! C'est propre et souvent plein de grâce, et tout ça descend vers Paris.

Nenni, car ce n'en est pas l'huile : alors ça chante aux carrefours et le travail et les amours, dans la République meilleure.

... On pousse, on crache, on rote, on glousse, on se chamaille, on se trémousse, on fume, on chique, on glisse, on chute, on s'entre-heurte, on pisse.

On fourmille, on est en famille, on se connaît l'âme et le cœur, à se frôler on s'émoustille, on se renifle avec bonheur.

... Soudain quel grand calme se fait ! Lily, je t'offre ce grand calme où la foule n'a plus qu'une âme, dû peut-être au vent caressant,

frivolant et virevalsant, ce vent berceur qui vous chavire le cœur, tel un petit navire, ce vent à peine adolescent...

Antoine BLONDIN

AU PÈRE-LACHAISE

J'ai vu tout de suite que ce cimetière n'était pas comme les autres... Celui-ci appartient déjà à l'autre monde par sa porte en demi-lune, la pente douce de ses verts paradis, la rocaille tortueuse de ses mausolées. Avant d'y pénétrer, on devine qu'on ne fera jamais le tour, qu'on ne parviendra pas à épuiser le labyrinthe de ses allées, ni les prières et les promenades qu'elles suggèrent. Cette chapelle qu'il faut gagner par paliers, cet azur allégé au-delà des cheminées, ces peupliers fervents, comme des cyprès bien tempérés, c'est un coin céleste soudain dans une banlieue de faits divers et, dans la symphonie qu'on laisse derrière soi, c'est aussi un point d'orgue, de grandes orgues.

... Parti d'un bon pas, je ne tardai point à m'égarer... Je perdis le fil du système... pour m'enfoncer davantage au fond d'un taillis chaotique de chapelles dentelées, de temples arides, de tumulus cubistes, de pagodes biscornues, de blockhaus funéraires et d'édicules votifs où le fer forgé, le marbre, le granit, se chevauchaient à l'envi. Il s'en dégageait une majesté cosmique et brouillonne, comme si la création entière y fût empilée... et l'impression qu'en fouillant plus avant on retrouverait Adam et Eve.

... Ici c'était la vraie ville de morts, en marge de l'autre, avec ses palais et ses taudis, ses fastes superbes et ses humilités agressives.

SUR LA TOUR EIFFEL

deuxième plateau

J'ai visité la Tour énorme,
Le mât de fer aux durs agrès.
Inachevé, confus, difforme,
Le monstre est hideux, vu de près.

Géante, sans beauté ni style,
C'est bien l'idole de métal.
Symbole de force inutile
Et triomphe du fait brutal.

... Enfants des orgueilleuses Gaules,
Pourquoi recommencer Babel ?
Le Mont-Blanc hausse les épaules
En songeant à la Tour Eiffel.

... O vieux siècles d'art, quelle honte !
A cent peuples civilisés
Nous montrerons ce jet de fonte
Et des badauds hypnotisés.

... Non ! Plus de luttes idéales,
De tournois en l'honneur du beau !
Faisons des gares et des halles :
C'est l'avenir, c'est l'art nouveau.

Longue comme un discours prolixe
De ministre ou de députés,
Que la Tour, gargote à prix fixe,
Vende à tous l'hospitalité !

Car voici la grande pensée,
Le vrai but, le profond dessous :
Cette pyramide insensée,
On y montera pour cent sous.

Michel BUTOR

PARIS LA VANTÉE

(rue du Caire une ouverture vous fait entrer dans le silencieux passage ; verrière supportée par des arcades en plâtre fort délabrées, avec des trous qui laissent filer le vent ; c'est le domaine des imprimeurs pour carte de visite ou papier à en-tête et des marchands de fournitures pour vitrines : manne-quins, présentoirs, étiquettes surtout dont on peut apprécier ici toute la gamme : soldes, fin de série, article exceptionnel, nouveauté...

— *teint de Suédoise, l'approcher, et un autre jour...*

Paris paresse
purin purée
carie caresse
caveau curé

entre la PORTE D'ORLÉANS *et* ALÉSIA, *je me souviens,*
l'empressée...),

ville méchante, avinée, éreintée, tricheuse

(... au regard d'Anglaise, aux chaussures blanches, la mieux détaillée...

      La voleuse venimeuse
      la cagneuse caqueteuse
      la véreuse vaniteuse) !

Tu m'as aidé

Paris des rêves

Charles BAUDELAIRE

JE T'AIME
Ô CAPITALE INFÂME...

Fourmillante cité, cité pleine de rêves
Où le spectre en plein jour raccroche le passant !
Les mystères partout coulent comme des sèves
Dans les canaux étroits du colosse puissant...

*

Dans les plis sinueux des vieilles capitales
Où tout, même l'horreur, tourne aux enchantements...

*

Il était tard ; ainsi qu'une médaille neuve
            La pleine lune s'étalait,
Et la solennité de la nuit, comme un fleuve,
            Sur Paris dormant ruisselait.

Et le long des maisons, sous les portes cochères,
            Des chats passaient furtivement,
L'oreille au guet, ou bien, comme des ombres chères,
            Nous accompagnaient lentement...

*

Souvent, à la clarté rouge d'un réverbère
Dont le vent bat la flamme et tourmente le verre,
Au cœur d'un vieux faubourg, labyrinthe fangeux
Où l'humanité grouille en ferments orageux,

On voit un chiffonnier qui vient hochant la tête,
Butant, et se cognant au mur comme un poëte...

Oui, ces gens harcelés de chagrins de ménage,
Moulus par le travail et tourmentés par l'âge,
Ereintés et pliants sous un tas de débris,
Vomissement confus de l'énorme Paris...

*

C'était l'heure où l'essaim des rêves malfaisants
Tord sur leurs oreillers les bruns adolescents ;
Où, comme un œil sanglant qui palpite et qui bouge,
La lampe sur le jour fait une tache rouge...

L'air est plein du frisson des choses qui s'enfuient,
Et l'homme est las d'écrire, et la femme d'aimer,
Les maisons çà et là commençaient à fumer...

L'aurore grelottante en robe rose et verte
S'avançait lentement sur la Seine déserte,
Et le sombre Paris en se frottant les yeux
Empoignait ses outils, vieillard laborieux.

*

... Que tu dormes encor dans les draps du matin,
Lourde, obscure, enrhumée, ou que tu te pavanes
Dans les voiles du soir passementés d'or fin,

Je t'aime, ô capitale infâme !...

GÉOGRAPHIE SECRÈTE

Pour l'homme qui veut s'en donner la peine, comme pour le bon poète aux bons souliers ferrés, Paris est une cité curieuse, qui a ses plissements, ses ruptures, ses zones d'effondrement, ses nappes de charriage et son vulcanisme... Il y a des quartiers qui vous coulent dessus des bières chargées de sommeil et où vous vous endormez comme si vous alliez mourir. Il y a des quartiers à bretelles, des quartiers hantés de fantômes, d'ichneumons ailés grands comme des girafes, des rues qui explosent comme la larve du stegomya, des carrefours remplis de passants qui s'accrochent aux maisons comme des phasmes, des impasses encombrées d'orthoptères, de plantes juteuses où le pied crie de désespoir... des quartiers qui sentent la viande, la reliure, le tan, le yoghourt, le labour ou les orties. D'autres enfin où des âmes pressées courent l'une après l'autre sous les semelles de la police, où l'on aperçoit des moutons et des anges, des vieilles carcasses de mendiantes aux jambes rapiécées, des corbeilles de sentiments... et des trous d'enfer.

Toute cette éruption singulière, que j'ai visitée des années durant, m'est entrée dans le corps. Et comme Balzac voyait un épicier au lieu géométrique de toutes les branches commerciales, je devine un dieu carré, débonnaire, tout feuillu d'écailles et de pommes de pin, un arbre humain, une sorte de mât de cocagne, Tour Eiffel d'aiguillage qui commande aux muscles et aux spasmes de Paris.

L'AUTO DE L'AVENUE DE L'OPÉRA

C'est une erreur de croire, si vous habitez avenue de l'Opéra qu'il y passe quantité d'autos, erreur que vous ne commettez du reste pas. C'est toujours la même auto qui passe, la même qui débraye, qui accélère, qui klaxonne, qui passe en seconde, qui stoppe net, qui débouche de la rue d'Antin, qui revient par la rue Ventadour. C'est à cause d'elle que nous tous, en ville sombrons dans la neurasthénie. Elle est incertaine, pas encore passée, elle est déjà revenue, elle freine dans une rue latérale, elle repart ici à toute vitesse et déjà elle est « la suivante », qui cherche le même dédale. Jamais satisfaite, toujours précipitée. Impérieuse et monotone, cette vieille fille nous manquait vraiment.

Louis XIV aimait, là où il venait, faire savoir avec éclat qu'il y était. Mais jamais il n'eut vent d'un pareil engin à faire du bruit. La recette manquait. De son temps, le plus snob (et Dieu sait qu'il y en avait !) n'aurait pu lui proposer une auto.

TOUR

...

     O Tour Eiffel

Feu d'artifice géant de l'Exposition Universelle

Sur le Gange

A Bénarès

Parmi les toupies ononistes des temples hindous

Et les cris colorés des multitudes de l'Orient

Tu te penches, gracieux Palmier !

C'est toi qui à l'époque légendaire du peuple hébreu

Confondis la langue des hommes

O Babel !

Et quelque mille ans plus tard, c'est toi qui retombais en
    langues de feu sur les apôtres rassemblés dans ton église

En pleine mer tu es un mât

Et au Pôle Nord

Tu resplendis avec toute la magnificence de l'aurore boréale de
    la télégraphie sans fil

Les lianes s'enchevêtrent aux eucalyptus

Et tu flottes, vieux troncs sur le Mississipi

Quand

Ta gueule s'ouvre

Et un caïman saisit la cuisse d'un nègre

En Europe tu es comme un gibet

(Je voudrais être la tour, pendre à la Tour Eiffel !)

... Tu es la gaffe que le capitaine Cook employait pour diriger
    son bateau d'aventuriers

O sonde céleste !

Pour le simultané Delaunay, à qui je dédie ce poème
Tu es le pinceau qu'il trempe dans la lumière
Gong tam-tam zanzibar bête de la jungle rayons X express
   bistouri, symphonie
Tu es tout
Tour
Dieu antique
Bête moderne
Spectre solaire
Sujet de mon poème
Tour
Tour du monde
Tour en mouvement.

LE MUSICIEN DE SAINT-MERRY

... Le 21 du mois de mai 1913...
... un homme sans yeux sans nez et sans oreilles
Quittant le Sébasto entra dans la rue Aubry-le-Boucher
Jeune l'homme était brun et de couleur de fraise sur les joues
Homme ah ! Ariane
Il jouait de la flûte et la musique dirigeait ses pas
Il s'arrêta au coin de la rue Saint-Martin
Jouant l'air que je chante et que j'ai inventé

Les femmes qui passaient s'arrêtaient près de lui
Il en venait de toutes parts
Lorsque tout à coup les cloches de Saint-Merry se mirent à
    sonner
Le musicien cessa de jouer et but à la fontaine
Qui se trouve au coin de la rue Simon-le-Franc
Puis Saint-Merry se tut
L'inconnu reprit son air de flûte
Et revenant sur ses pas marcha jusqu'à la rue de la Verrerie
Où il entra suivi par la troupe des femmes
Qui sortaient des maisons
Qui venaient par les rues traversières les yeux fous
Les mains tendues vers le mélodieux ravisseur
Il s'en allait indifférent jouant son air
Il s'en allait terriblement

... Et tandis que le monde vivait et variait

Le cortège des femmes long comme un jour sans pain
Suivait dans la rue de la Verrerie l'heureux musicien

Cortèges ô cortèges
C'est quand jadis le roi s'en allait à Vincennes
Quand les ambassadeurs arrivaient à Paris
Quand le maigre Suger se hâtait vers la Seine
Quand l'émeute mourait autour de Saint-Merry
Cortèges ô cortèges
Les femmes débordaient tant leur nombre était grand
Dans toutes les rues avoisinantes
Et se hâtaient raides comme balle
Afin de suivre le musicien

Ah ! Ariane et toi Pâquette et toi Amine
Et toi Mia et toi Simone et toi Mavise
Et toi Colette et toi la belle Geneviève
Elles ont passé tremblantes et vaines
Et leurs pas légers et prestes se mouvaient selon la cadence
De la musique pastorale qui guidait
Leurs oreilles avides

L'inconnu s'arrêta un moment devant une maison à vendre
Maison abandonnée
Aux vitres brisées
C'est un logis du seizième siècle
La cour sert de remise à des voitures de livraisons
C'est là qu'entra le musicien
Sa musique qui s'éloignait devint langoureuse
Les femmes le suivirent dans la maison abandonnée
Et toutes y entrèrent confondues en bande
Toutes toutes y entrèrent sans regarder derrière elles
Sans regretter ce qu'elles ont laissé
Ce qu'elles ont abandonné
Sans regretter le jour la vie et la mémoire

Guillaume APOLLINAIRE

Il ne resta bientôt plus personne dans la rue de la Verrerie
Sinon moi-même et un prêtre de Saint-Merry
Nous entrâmes dans la vieille maison
Mais nous n'y trouvâmes personne

Voici le soir
A Saint-Merry c'est l'Angélus qui sonne
Cortèges ô cortèges
C'est quand jadis le roi revenait de Vincennes
Il vint une troupe de casquettiers
Il vint des marchands de bananes
Il vint des soldats de la garde républicaine
O nuit
Troupeau de regards langoureux des femmes
O nuit
Toi ma douleur et mon attente vaine
J'entends mourir le son d'une flûte lointaine

GARE MONTPARNASSE

Vents du matin où flottent les chemises d'anges
Fleuves roses des boulevards
Qui charrient les cafés-au-lait et les gloires dorées
Il fit bon vivre ce dimanche
Les femmes de chambres des petits Hôtels Meublés
Ouvrent leurs bras tout grands pour embrasser le monde
En ouvrant les volets de nuit
Il y a des géraniums dans toutes les boutiques
Et des photographies qui souriront toujours

...Voici dans toutes gares les trains fraternels
Baisers de rosée au poitrail des locomotives
Chants de la mer dans les poumons de suie
O fauves de l'Europe à crinière de cuivre

Tout l'Atlantique débarque
Armadas et Dreadnoughts
En gare de marchandises à Montparnasse !

Des étoiles dans les caisses « fragiles »
Poissons d'avril et écrevisses
Toutes les bêtes du Zodiaque
Les voyageurs des grandes nuits
Ont des ponts de rêve et des tunnels de peur dans leur valise

...Et toi petit matelot bleu
Au col et aux grands yeux d'enfant
Madagascar dans ton cœur symbolique

Une tante arrive pour son enterrement
Toute sa fortune dans sa sacoche
Du Crédit Foncier 4p 100
Et un bout de chocolat

PARIS ! PARIS !

Les montagnes d'autobus se déplacent
Des hippopotames pataugent sur les places de glace
Les ruches des hôtels et des prisons pullulent
Danse macabre des sergents de ville

Aux jardins suspendus de Houbigant
DUBONNET
       DUBONNET
              DUBONNET
                     DUBONNET
Le métro chante
Les têtes des hommes cuisent à petit feu
Le « LION NOIR » règne dans la jungle de Paris

Jean TARDIEU

CE QUI N'EST PAS

Brume et soleil voilà Paris
petit printemps comme il fait beau
Songez à tout ce qui n'est pas.

... Le ciel pourrait être invisible
il pourrait pleuvoir des crapauds
on pourrait mourir en naissant
on pourrait mourir en aimant
le soleil pourrait être noir
et les fruits gonflés de poison.

L'eau des fleuves pourrait bouillir
et le bain serait donc mortel
et les lèvres de l'amoureuse
seraient couvertes de serpents
et dans les jours du bel été
on entendrait des voix géantes
nous annoncer qu'il est trop tard.

Mais rien dans la nuit de l'esprit
ne descend jusque dans ma main
et j'aime Paris sous la brume
le petit printemps de Dimanche
le roulement des voitures
mon pas sur le macadam
mon regard dans le matin.

Raymond QUENEAU

RÉCIT

Un jour vers midi du côté du parc Monceau, sur la plate-forme arrière d'un autobus à peu près complet de la ligne S (aujourd'hui 84), j'aperçus un personnage au cou fort long qui portait un feutre mou entouré d'un galon tressé au lieu de ruban. Cet individu interpella tout à coup son voisin en prétendant que celui-ci faisait exprès de lui monter sur les pieds chaque fois qu'il montait ou descendait des voyageurs. Il abandonna d'ailleurs rapidement la discussion pour se jeter sur une place devenue libre.

Deux heures plus tard, je le revis devant la gare Saint-Lazare en grande conversation avec un ami qui lui conseillait de diminuer l'échancrure de son pardessus en en faisant remonter le bouton supérieur par quelque tailleur compétent.

ODE

Dans l'autobus
dans l'autobon
l'autobus S
l'autobusson
qui dans les rues
qui dans les ronds
va son chemin
à petits bonds
près de Monceaux
près de Monçon
par un jour chaud
par un jour chon
un grand gamin
au cou trop long
porte un chapus
porte un chapon
dans l'autobus
dans l'autobon

... un peu plus tard
un peu plus thon
à Saint-Lazare
à Saint-Lazon
qu'est une gare
pour les bons gons
je rvis lgamin
au cou trop long
et son pardingue

dmandait pardong
à un copain
à un copon
pour un boutus
pour un bouton
près dl'autobus
près dl'autobon...

COMPOSITION DE MOTS

Je plate-d'autobus formais co-foultitudinairement dans un espace-temps lutécio-méridiennal et voisinais avec un longicol tressautourduchapeauté morveux. Lequel dit à un quelconquanonyme : « Vous me bousculapparaissez. » Ceci éjaculé, se placelibra voracement. Dans une spatio-temporalité postérieure, je le revis qui placesaint-lazarait avec un X qui lui disait : Tu devrais boutonsupplémenter ton pardessus. Et il pourqu'expliquait la chose.

Raymond QUENEAU

VERS LIBRES

L'autobus
plein
le cœur
vide
le cou
long
le ruban
tressé
les pieds
plat
plats et aplatis
la place
vide

Et l'inattendue rencontre près de la gare aux mille feux éteints
de ce cœur, de ce cou, de ce ruban, de ces pieds
de cette place vide
et de ce bouton

L'ECCLÉSIASTIQUE

Vive fut tout à l'heure, dans un endroit peu fréquenté du Bois de Boulogne, ma surprise quand, sombre agitation basse, je vis, par les mille interstices d'arbustes bons à ne rien cacher, total et des battements supérieurs du tricorne s'animant jusqu'à des souliers affermis par des boucles en argent, un ecclésiastique qui, à l'écart de témoins, répondait aux sollicitations du gazon. A moi ne plût que... coupable à l'égard d'un faux scandalisé se saisissant d'un caillou du chemin, j'amenasse par mon sourire même d'intelligence une rougeur sur le visage à deux mains voilées de ce pauvre homme, autre que celle sans doute trouvée dans son solitaire exercice ! Le pied vif, il me fallut, pour ne produire par ma présence de distraction, user d'adresse ; et fort contre la tentation d'un regard porté en arrière, me figurer en esprit l'apparition quasi diabolique qui continuait à froisser le renouveau de ses côtes, à droite, à gauche et du ventre, en obtenant une chaste frénésie. Tout, se frictionner ou jeter les membres, se rouler, glisser, aboutissait à une satisfaction ; et s'arrêter, interdit du chatouillement de quelque haute tige de fleur à de noirs mollets, parmi cette robe spéciale portée avec l'apparence qu'on est pour soi tout même sa femme... L'influence du souffle vernal doucement dilatant les immuables textes inscrits en sa chair, lui aussi, enhardi de ce trouble agréable à sa stérile pensée était venu reconnaître par un contact avec la Nature, immédiat, net, violent, positif, dénué de toutes curiosités intellectuelles, le bien-être général ; et candidement, loin des obédiences et de la contrainte de son occupation, des canons, des interdits, des censures, il se roulait dans la béatitude de sa simplicité native, plus heureux qu'un âne. Que le but de sa promenade atteint, ce soit, droit et d'un jet, relevé non sans secouer les pistils et essuyer les sucs attachés à sa personne, le héros de ma vision, pour rentrer inaperçu, dans la foule et les habitudes de son ministère, je ne songe à rien nier, mais j'ai le droit de ne point considérer cela. Ma discrétion vis-à-vis d'ébats d'abord apparus n'a-t-elle pas pour récompense d'en fixer à jamais comme une rêverie de passant se plut à la compléter, l'image marquée d'un sceau mystérieux de modernité à la fois baroque et belle ?

TOURNESOL

La voyageuse qui traversa les Halles à la tombée de l'été
Marchait sur la pointe des pieds
Le désespoir roulait au ciel ses grands arums si beaux
Et dans le sac à main il y avait mon rêve ce flacon de sels
Que seule a respiré la marraine de Dieu
Les torpeurs se déployaient comme la buée
Au chien qui fume
Où venaient d'entrer le pour et le contre
La jeune femme ne pouvait être vue d'eux que mal et de biais
Avais-je affaire à l'ambassadrice du salpêtre
Ou de la courbe blanche sur fond noir que nous appelons
    pensée
Le bal des innocents battait son plein
Les lampions prenaient feu lentement dans les marronniers

La dame sans ombre s'agenouilla sur le Pont-au-Change
Rue Gît-le-Cœur les timbres n'étaient plus les mêmes
Les promesses des nuits étaient enfin tenues
Les pigeons voyageurs les baisers de secours
Se joignaient aux seins de la belle inconnue
Dardés sous le crêpe des significations parfaites
Une ferme prospérait en plein Paris
Et ses fenêtres donnaient sur la voie lactée
Mais personne ne l'habitait encore à cause des survenants
Des survenants qu'on sait plus dévoués que les revenants
Les uns comme cette femme ont l'air de nager
Et dans l'amour il entre un peu de leur substance
Elle les intériorise
Je ne suis le jouet d'aucune puissance sensorielle
Et pourtant le grillon qui chantait dans les cheveux de cendre
Un soir près de la statue d'Etienne Marcel
M'a jeté un coup d'œil d'intelligence
André Breton a-t-il dit passe

LA NUIT
Cauchemar

... Quelle heure était-il quand je repassai sous l'Arc-de-Triomphe ? Je ne sais pas. La ville s'endormait, et des nuages, de gros nuages noirs, s'étendaient lentement sur le ciel.

Pour la première fois je sentis qu'il allait arriver quelque chose d'étrange, de nouveau. Il me sembla qu'il faisait froid, que l'air s'épaississait, que la nuit, que ma nuit bien-aimée, devenait lourde sur mon cœur...

... Une force me poussait, un besoin de marcher. J'allai donc jusqu'à la Bastille. Là je m'aperçus que je n'avais jamais vu une nuit si sombre, car je ne distinguais pas même la colonne de juillet, dont le génie d'or était perdu dans l'impénétrable obscurité. Une voûte de nuages, épaisse comme l'immensité, avait noyé les étoiles et semblait s'abaisser vers la terre pour l'anéantir...

... « Allons aux Halles, pensai-je, là au moins je trouverai la vie. »

Je me mis en route, mais je n'y voyais même pas pour me conduire. J'avançais lentement, comme on fait dans un bois, reconnaissant les rues en les comptant.

Devant le Crédit Lyonnais, un chien grogna. Je tournai par la rue de Grammont, je me perdis ; j'errai, puis je reconnus la Bourse aux grilles de fer qui l'entourent. Paris entier dormait, d'un sommeil profond, effrayant. Au loin pourtant un fiacre roulait, un seul fiacre... Je cherchais à le joindre, allant vers le bruit de ses roues, à travers les rues solitaires et noires, noires, noires comme la mort. Je me perdis encore. Où étais-je ? Quelle folie d'éteindre si tôt le gaz ! Pas un passant, pas un attardé, pas un rôdeur, pas un miaulement de chat amoureux. Rien.

Où donc étaient les sergents de ville ? Je me dis : « Je vais crier, ils viendront. » Je criai. Personne ne répondit.

J'appelai plus fort. Ma voix s'envola, sans écho, faible, étouffée, écrasée par la nuit, par cette nuit impénétrable...

... Et tout à coup je m'aperçus que j'arrivais aux Halles. Les Halles étaient désertes, sans un bruit, sans un mouvement, sans une voiture, sans un homme, sans une botte de légumes ou de fleurs. Elles étaient vides, immobiles, abandonnées, mortes !

Une épouvante me saisit, — horrible. Que se passait-il ? Oh mon Dieu ! que se passait-il ?

Je repartis. Mais l'heure ? L'heure ? Qui me dirait l'heure. Aucune horloge ne sonnait dans les clochers ou dans les monuments. Je pensai : « Je vais ouvrir le verre de ma montre »... Elle ne battait plus... Elle était arrêtée. Plus rien, plus rien, plus un frisson dans la ville, pas une lueur, pas un frôlement de son dans l'air. Rien ! Plus rien ! Plus même le roulement lointain du fiacre, — plus rien !

J'étais aux quais, et une fraîcheur glaciale montait de la rivière.

La Seine coulait-elle encore ?

Je voulus savoir, je trouvai l'escalier, je descendis... Je n'entendais pas le courant bouillonner sous les arches du pont... Des marches encore, puis du sable... de la vase... puis de l'eau... J'y trempai mon bras... elle coulait... elle coulait... froide... froide... froide... presque gelée... presque tarie... presque morte.

Et je sentais bien que je n'aurais plus jamais la force de remonter... et que j'allais mourir là... moi aussi — de faim — de fatigue — et de froid.

PARIS DE MAI

Le Boulevard de soleil va droit au cœur à travers le Printemps
    sucre de ciel petit nuage cravate à nouer
La Tour Eiffel n'y comprend rien elle écarte trop les jambes
    Tour voudrait s'asseoir sur un banc et causer
Avec le gardien ou visiter le Musée du Trocadéro pour assurer
    le Gothique de ses sentiments quadrillés
Mais elle a fini par s'endormir debout à force de ne parler que
    de l'Exposition en regardant passer les bateaux
Et puis et puis j'ai tout Paris aux lèvres comme une cigarette et
    c'est Paris que je lance en fumée de Printemps
Dont j'ai la bouche pleine ne comptez pas ainsi vous me faites
    mal aux yeux quand il y a des couleurs à brassées
Oh les belles volutes bleues que fait Paris dans les jardins de
    ma paix où j'aspire le frais de mon poème-cascade
Un métro une auto un autobus n'importe quoi arrachez le
    papier de la tapisserie et rendez-moi le bruit de la ville
Je ne veux pas me priver des courbes que le soleil met sur
    Paris de Mai c'est Dieu qu'on voit à pleines rues
On traverse l'amour qui vous brode au travers on sent le goût
    de l'aujourd'hui qui tourne rond dans les moteurs
Je fais la fête avec l'espace et j'ai de l'âme au bout des doigts et
    j'ai de l'éternité qui remue sur mon front
... Ma joie défile en ligne droite du Palais des Rois à l'Etoile
    Impériale dans la vie blonde plantée de tendresse verte...

PARIS-PENTECÔTE

Les pigeons de Paris qui criaient sur les toits,
L'Etoile, l'Opéra, le Carrousel, le Louvre,
Les chemins de mon sang à la tristesse s'ouvrent
Je vais dans un Paris qui ne me connaît pas.

Un Paris, mon Paris qui de vide s'aveugle,
Ses orages de pleurs dans des capes flottants,
Un Paris étranger qui se tend et attend
Le printemps, puis l'été, puis la chute des feuilles.

Un Paris d'un hiver pierreux et dur, qui dure,
Une ville de gel où circulent des mots
Interdits, inconnus, des signes, des signaux,
Une ville de doigts tressés comme des murs.

Ce qu'on y voit, ce sont ses plaies et ses tortures,
Ce qu'on y lit, ce sont les crimes de Judas
Les chevaux dans le ciel se cabrent. Pas et pas
Lourds, pesants, du fer et des armures...

Mon pays traversé par les flèches, son rire
Sur nos places cloué comme un oiseau, ses mains
Ses chemins, son allure et sa grâce qui tint
L'univers ébloui, malade à en mourir.

Disparaissez, hommes bottés, hommes de cuir.
Allez-vous-en, le ciel se prend là où vous êtes.
De Paris vous n'aurez ni le corps, ni la tête,
Ni l'honneur : il se tait au sang de nos martyrs.

PARIS CHANGE

Le vieux Paris n'est plus (la forme d'une ville
Change plus vite, hélas ! que le cœur d'un mortel) :
...
Paris change ! mais rien dans ma mélancolie
N'a bougé ! palais neufs, échaffaudages, blocs,
Vieux faubourgs, tout pour moi devient allégorie,
Et mes chers souvenirs sont plus lourds que des rocs.

GÉRONTE

Que l'ordre est rare et beau de ces grands bâtiments !
Paris semble à mes yeux un pays de roman.
J'y croyais ce matin voir une île enchantée ;
Je la laissai déserte et la trouve habitée ;
Quelque Amphion nouveau, sans l'aide des maçons,
En superbe palais a changé ses buissons.

DORANTE

Paris voit tous les jours de ces métamorphoses :
Dans tout le Pré-aux-Clercs tu verras mêmes choses,
Et l'univers entier ne peut rien voir d'égal
Aux superbes dehors du palais Cardinal.
Toute une ville entière, avec pompe bâtie,
Semble d'un vieux fossé par miracle sortie,
Et nous fait présumer, à ces superbes toits,
Que tous ses habitants sont des dieux ou des rois.

A M. HAUSSMANN
Ancien préfet de la Seine

La maison est démolie
Le petit nid est en l'air
Où j'eus ton cœur et ta chair
Ma maîtresse si jolie !

Je vois toujours dans l'ouest clair
Cette comète abolie.
Tombez pierres, ciment, fer !
L'amour jamais ne s'oublie.

Démolissez les maisons
Changez le cours des saisons,
Plongez-moi dans l'opulence,

Vous ne pourrez effacer
La trace de son baiser.
Le vrai c'est ce que je pense.

UN PEU DE BÂTIMENT

Dans ce Paris si laid, moderne, il est encore,
Ou plutôt il était, car tout se déshonore,
Il était quelques coins, pittoresques ? O non !
Mais drôles d'horreur fade et de terreur sans nom
Aucun. Je veux parler de feu les terrains vagues,
Saint-Ouen, Montrouge, d'autres peut-être où les vagues
De foule bête n'avaient osé déferler.
Eugène Sue and C° surent bien en parler
Henri Monnier aussi, mais de façon badine,
Lui... Mais quoi nous voyons, de nos jours que lutine
La fièvre de bâtir pour voler en surplus
Là s'élever, en plâtre, à sept étages, plus
Peut-être, des maisons de rapport, parodie
De celles du Paris intérieur, aussi
Laides et d'un aspect vil aussi réussi.
Ça fleure le malsain, ça prédit la misère...

Louis-Ferdinand CÉLINE

PAUVRE BANLIEUE PARISIENNE...

Pauvre banlieue parisienne, paillasson devant la ville où chacun s'essuie les pieds, crache un bon coup, passe, qui songe à elle ? Personne. Abrutie d'usines, gavée d'épanchages, dépecée, en loques, ce n'est plus qu'une terre sans âme, un camp de travail maudit où le sommeil est inutile, la peine perdue, terne la souffrance. « Paris, capitale de la France ! » Quelle chanson ! Quelle publicité ! La banlieue tout autour qui crève, qui s'en soucie ? Personne, bien sûr ! Elle est vilaine, voilà tout ! Banlieue de hargne vaguement mijotante d'une espèce de révolution que personne ne pousse ni n'achève, malade à mourir toujours et ne mourant pas.

Louis ARAGON

LES FEUX DE PARIS

Chanté

Toujours quand au matin obscène
Entre les jambes de la Seine
Comme une noyée aux yeux fous
De la brume de vos poèmes
L'Ile Saint-Louis se lève blême
Baudelaire je pense à vous

Lorsque j'appris à voir les choses
O lenteur des métamorphoses
C'est votre Paris que je vis
Il fallait pour que Paris change
Comme bleuissent les oranges
Toute la longueur de ma vie

Mais pour courir ses aventures
La ville a jeté sa ceinture
De murs d'herbes et de vent
Elle a fardé son paysage
Comme une fille son visage
Pour séduire un nouvel amant

Rien n'est plus à la même place
Et l'eau des fontaines Wallace
Pleure après le marchand d'oublies
Qui criait le Plaisir Mesdames
Quand les pianos faisaient des gammes
Dans les salons à panoplies...

LES POÈTES DE PARIS

Endre Ady (1877-1919). — Poète hongrois, issu de gentilshommes calvinistes ruinés et d'un héros de l'indépendance (influences sensibles dans son œuvre). Dénoncé pour ses « idées subversives nietzschéennes », il aborde Paris en 1903. Il meurt quelques mois après l'indépendance tant prophétisée de son pays.

Pierre Albert-Birot (1876-1967). — Son ami Apollinaire l'appelait « le Pyrogène ». Poète, peintre, sculpteur, restaurateur de meubles, animateur toujours en éveil, y compris dans les jeux de marionnettes, il participe au cubisme, au surréalisme, au lettrisme tout en restant marginal. Son œuvre la plus aventureuse, *Grabinoulor* (1933) : épopée-journal-poème en prose.

Rafael Alberti (né en 1902). — Né à Cadix de deux grands-pères italiens. Après *Mer et terre* (1925), prix national de Littérature, il se voue à l'action révolutionnaire et à la poésie politique. Exil à Paris auprès de Neruda, puis en Argentine (*Entre l'œillet et l'epée*, 1941). A partir de 1964, il vit à Rome.

Guillaume Apollinaire (pseudonyme de Wilhelm Apollinaris de Kostrowitsky : 1880-1918). — Né à Rome d'une aventurière polonaise et de père inconnu, il suivit d'abord les errances de sa mère. *La Chanson du Mal aimé* est l'un de ses premiers poèmes. De l'amitié de Picasso et de Jacob, de sa revue *L'Immoraliste* naquirent, dans son œuvre, les prémices de l'art moderne. La suppression de toute ponctuation dans *Alcools* est un événement. Le conflit de 1914-1918, qui le meurtrit dans sa chair, révèle un grand poète de la guerre (*Calligrammes*). Il meurt deux jours avant l'Armistice.

Louis Aragon (né en 1897). — Ecrivain considérable : membre du mouvement dada, cofondateur du surréalisme, communiste depuis 1927, un des animateurs de la Résistance intellectuelle, directeur des *Lettres françaises*, polémiste, journaliste, romancier et poète dont l'œuvre, d'abord élitiste, a su, à la Libération, toucher le cœur populaire. Que ce soit le *Passage de l'Opéra*, le *Complexe industriel de Magnitogorsk* ou *Les Yeux d'Elsa*, son épouse, partout il est un témoin et un militant.

Albert Ayguesparse (1900). — Belge de Bruxelles qui, de *La mer à boire* (1937) au *Vin noir de Cahors* (1957), a tenté « de capter le fabuleux et de forcer les serrures de notre monde ».

Charles Baudelaire (1821-1867). — Les épreuves de l'enfance ont marqué l'homme, vite en opposition avec son milieu social ; un voyage vers les Indes a illuminé le poète. S'il fréquente la bohème et des amours étranges — tout en jouant les dandys — le critique d'art garde toujours une lucidité prophétique : il traduit Poe et célèbre Delacroix et Wagner. Ses *Fleurs du mal* (1857) ont eu une résonance différente selon les générations : celle qui le condamna pour immoralité, celle qui en aima le satanisme, celle d'aujourd'hui qui y découvre la « modernité », une vision du destin de l'Homme et quelques-uns des plus beaux vers classiques de la langue française.

Isaac de Benserade (1613-1691). — Familier de l'hôtel de Rambouillet avant de rechercher des protecteurs à la cour où il collabore aux ballets de Lully. Ses quatrains précieux sur Esope ont eu l'honneur d'être gravés dans les bosquets de Versailles. Un des premiers académiciens.

Antoine Blondin (né en 1922). — Il partage sa vie entre la littérature (*l'Europe buissonnière*, 1949 ; *Un singe en hiver*, 1959, prix Interallié) et le journalisme (reportage sur le Tour de France cycliste) avec un art primesautier, proche du monde merveilleux des contes.

André Breton (1896-1966). — Il est le « pape » du surréalisme (« Manifestes » de 1924, 1930 et 1942), une philosophie qui se proposait de « changer l'Homme et la vie ». Son intransigeance fait sa grandeur, malgré ses deceptions politiques et l'éloignement de ses disciples. Romancier (*Nadja*, 1928), essayiste (*Anthologie de l'humour noir*,

1940, il développe le champ de conscience poétique en « déplaçant les bornes du soi-disant réel ».

Aristide Bruant (1851-1925). — Fils d'un propriétaire terrien du Gâtinais, employé aux Chemins de Fer, il quittera la sécurité pour l'aventure. Il a tenté de fixer le langage des faubourgs dans une centaine de chansons « avec la force de traits des Daumier, Steinlen et Toulouse-Lautrec », dit Mouloudji, son biographe. Un des animateurs du cabaret *Le Chat-Noir*.

Michel Butor (né en 1926). — Agrégatif de philosophie, il a enseigné sur trois continents. Prix Renaudot en 1957 pour *La Modification*, l'un des prototypes du Nouveau Roman. Il dit « attendre beaucoup de son lecteur, refusant de l'encourager dans ses routines, afin d'obtenir des rapports différents » (*Dialogue avec 33 variations de Beethoven...*, 1971).

René-Guy Cadou (1920-1951). — Né dans une école de la Brière, mort dans une école près de Châteaubriant, cet instituteur vécut toute sa vie entre Loire et Océan. Parmi trente-trois plaquettes de vers, loin des modes et des consignes, s'imposent : *Hélène ou le Règne végétal* et *Nocturne* ; son plus beau chant d'angoisse : « Je vis pour mieux mourir », écrit-il.

Francis Carco (pseudonyme de François Carcopino-Tusoli, 1886-1958). — On le range, auprès de Toulet, Derême, Muselli... dans l'école des « Fantaisistes » issue de Laforgue ; mais sa note personnelle, même dans sa poésie, est celle d'un romancier du « milieu », d'un échotier de la bohème, d'un petit-fils de Villon, style « mauvais garçon » tendre. Il fut de l'académie Goncourt.

Jörge Carrera Andrade (né en 1903). — Equatorien qui a connu, comme Claudel et Saint-John Perse, une activité diplomatique parallèle à la création poétique : délégué à l'U.N.E.S.C.O., ambassadeur aux Nations Unies, puis à Paris (*Biographie à l'usage des oiseaux*, 1938 ; *Equateur du cœur*, 1949 ; *Dicté par l'eau*, 1953 ; *Le Chemin du Soleil*, 1965) bénéficient d'un inventaire ébloui de la nature sud-américaine et d'une fraternité universelle vibrante.

Louis-Ferdinand Céline (pseudonyme de Louis-Ferdinand Destouches : 1894-1961). — *Le Voyage au bout de la nuit* (1932) manqua de peu le prix Goncourt et rendit brusquement célèbre ce médecin de vocation tardive. De frénétiques pamphlets antisémites et l'inévitable condamnation après l'Occupation le mirent sur la route de l'exil (*D'un château l'autre ; Nord*), avant sa rentrée en France, où il finit sa vie, toujours éructant et solitaire, dans des romans très élaborés.

Blaise Cendrars (pseudonyme de Frédéric Sauser 1887-1961). — Suisse d'origine, grand bourlingueur dès le début du siècle entre la Russie, l'Extrême-Orient et les deux Amériques, il perd un bras en 1915, continue à vivre furieusement, et jusqu'au bout affirme dans ses romans-récits et dans ses poèmes (*Pâques à New York ; Prose du Transsibérien et de la petite Jehanne de France ; Poèmes élastiques*) une vitalité sans discipline que commandent moins la réflexion que la force de la sensation et le sens du reportage.

Badr Chaker al Sayab (1927-1964). — Né dans un village près de Bassorah (Irak), il est le premier réformateur des techniques de la poésie arabe au cours de ces vingt dernières années. Sa poésie a des accents d'une originalité déchirante (*Fleurs fanées ; Le temple englouti*).

Gustave Charpentier (1860-1956). — Compositeur français. Il connut la gloire avec *Louise*, roman musical, créé en 1900 à l'Opéra-Comique, dont il rédigea le livret en vrai Montmartrois.

Frédéric Chopin (1810-1849). — Fils d'un Français et d'une Polonaise, il passa la première moitié de sa vie en Pologne avant de s'exiler à Paris. Nationaliste ardent et blessé par les malheurs de sa patrie. « Il n'y a que le mal du pays qui le consume. »

Claude Michel Cluny (né en 1930). — Critique littéraire et cinéma. A publié : *Un jeune homme de Venise* (1966), *La Rage de lire* (1978) ; des poèmes : *Désordres* (1965) et *Inconnu Passager* (1978). Conçoit, non sans humour, ou ironie, sa poésie comme « les noces du réel et de l'imaginaire », fidèle à la maxime d'Horace : « Crois que chaque jour pour toi luit le dernier. »

Colette (pseudonyme de Gabrielle Sidonie : 1873-1954). — Hormis l'Académie française, elle a reçu des honneurs éminents : l'Académie royale de Belgique, succédant à Anna de Noailles, l'académie Goncourt, le Grand Cordon de la Légion d'Honneur, des obsèques officielles. Sa gloire est née autant de sa liberté d'existence racontée dans ses romans que de sa complicité littéraire avec le monde animal et la vie végétale. Ses centaines de chroniques sont une mine de sensations qui valent des poèmes.

François Colletet (1628-1680). — Fils d'un « poète crotté », poète crotté lui-même. Soldat, il fit trois ans de captivité en Espagne. Il avait hérité de son père ce goût du cabaret, ce dont témoigne sa *Ville de Paris en vers burlesques*. Boileau se moqua de lui.

François Coppée (1842-1908). — Pur Parisien appartenant discrètement au Parnasse quand un acte « *Le Passant* » fit brusquement sa gloire. Il voua sa poésie aux petites gens (*Les Humbles,* 1872) avec une sentimentalité prosaïque qui déclencha une vague de pasticheurs qui égalèrent souvent le maître.

Pierre Corneille (1606-1684). — Avocat au Parlement de Rouen, il conservera sa charge pendant vingt-cinq ans. Sa carrière débuta par des comédies (*L'Illusion comique,* 1635). Le grand succès du *Cid* (1636) fut suivi d'une polémique. Deux périodes créatrices dans ses tragédies, de *Horace* (1640) à *Surena* (1674), coupées d'années où domine la poésie religieuse.

Charles Cros (1842-1888). — Inventeur au plein sens du terme : un procédé de photographie en couleurs et le paléophone (principe du phonographe) présenté en 1877 avant Edison, le vouent à l'admiration des savants. Il renouvelle la forme du monologue comique (*Le Hareng saur*) et dans *Le Coffret de santal* où Verlaine découvre des « bijoux tour à tour délicats et barbares » il annonce le surréalisme.

Athanas Daltchef (né en 1904). — Une des gloires de la poésie bulgare. Il appartenait à une famille d'artistes qui séjourna à Paris. Il est le traducteur d'une Anthologie française de La Fontaine à Supervielle.

Marc Antoine Désaugiers (1772-1827). — Provençal, fils d'un compositeur d'opéras-comiques. Royaliste, il ne fuit la Révolution française que pour la retrouver à Saint-Domingue. Chef d'orchestre et fournisseur des petits théâtres de Vaudeville sous l'Empire, président du *Caveau* puis directeur du *Vaudeville* sous la Restauration. Fut l'homme le plus gai de France.

Eustache Deschamps (né vers 1346 — mort vers 1406). — Poète, disciple de son compatriote Guillaume de Machaut, il fut aussi un homme d'action : prisonnier des Maures, combattant les Anglais au côté de Louis d'Orléans, bailli de Senlis avant d'être, comme La Fontaine, maître des Eaux et Forêts. On lui attribue 1 774 ballades. Son *Art de dictier* (1392) équivaut à l'art poétique.

André Dumas (1874-1943). — Vice-président de la Société des gens de lettres, président de la Société des poètes français, critique et auteur dramatique d'Actes en vers, il fut aussi poète avec *Paysages*. Collaborateur de la Revue des deux mondes, il a publié une importante anthologie poétique.

Evgueni Alexandrovitch Evtouchenko (né en 1939). — Petit-fils d'un paysan sibérien devenu général de l'Armée Rouge, il fait ses études à Moscou. Il a dix-neuf ans quand paraissent ses premiers poèmes, suivis de l'admission à l'Union des écrivains. Leader poétique de la jeune génération, il parcourt son pays et l'étranger, en déclamant ses vers devant les foules.

Léon-Paul Fargue (1876-1947). — Qui connaissait Paris mieux que lui ? Son récit *Le Piéton de Paris* (1939) est célèbre. Il fréquenta chez Mallarmé, fut lié avec Ravel, Valéry et Larbaud. Chroniqueur plein d'humour, bourgeois bohème, partagé entre les brasseries et les salons, il pourra dire : « J'ai dîné avec des maréchaux et des maraîchers. » Recueils de poèmes en prose et en vers, depuis *Pour la musique* (1914) jusqu'à *Haute Solitude* (1941).

Paul Fort (1872-1960). — En l'élisant « prince des poètes » ses amis ont salué l'un de nos derniers trouvères. A dix-huit ans, il animait seul l'audacieux Théâtre d'Essai. Ce Rémois saisi par « La Ronde autour du Monde » a élargi son horizon à travers trente volumes de *Ballades françaises*. La prose rythmée, avec assonance interne, lui est une forme personnelle mais systématique. « J'ai tout chanté ! » dit-il. On eût aimé plus de modération.

Jean Giraudoux (1882-1944). — Fils d'instituteur, passé par l'Ecole normale supérieure, fit une carrière de diplomate avant d'être nommé, en 1939, commissaire à l'Information. Le dramaturge (15 pièces), le romancier (9 titres), l'essayiste et le politique se rattachent à l'art des poètes philosophes et des ironistes. Derrière les propos étincelants, a-t-on toujours vu sa gravité et sa lucidité ?

Ivan Goll (1891-1950). — Il a poursuivi toute sa vie en marge du surréalisme, aussi bien en français qu'en langue allemande, une œuvre qui se mouvait dans l'insolite avec une aisance parfaite : *Cercles magiques* (1951). Ses accents les plus émouvants, *Poèmes d'Amour,* écrits à deux voix avec sa femme Claire.

Ludovic Halévy (1834-1908). — Neveu de l'auteur de l'opéra *La Juive* et père de l'historien Daniel, ami de Péguy. Il collabora avec Offenbach avant de rencontrer Henri Meilhac. Ils sont tous deux les auteurs du livret de *Carmen* de Bizet.

Heinrich Heine (1797-1856). — Il est « le poète allemand qui a choisi la France ». Son *Livre des chants* (1827) provoqua l'enthousiasme — poésie neuve, fécondée par le Volkslied — ainsi que ses *Images de voyage* (1824 à 1831) si alertes et incisives. En 1830, il est à Paris où il séjournera le plus souvent jusqu'à sa mort.

Victor Hugo (1802-1885). — Ecrivain total, depuis le théâtre historique jusqu'au roman populaire, à visées encyclopédiques. Poète, il prend tous les tons, tour à tour pamphlétaire, épique, pastoral, surréaliste avant la lettre, porteur en puissance de tous les courants de son siècle et des générations suivantes. Royaliste au temps de sa jeunesse, il évolue vers un républicanisme ardent et meurt, quasi embaumé, telle une institution nationale. Vingt années de courageux exil l'ont grandi.

Clément Janequin (1480-1558). — Un des maîtres français de la chanson polyphonique et l'un des inventeurs de la musique à programme (*Bataille de Marignan ; Le Chant des oiseaux).* Fit carrière à Angers avant de s'établir au Quartier latin.

Ernst Junger (1895). — Son héroïsme pendant la guerre de 1914-1918, son antinazisme, sa sympathie profonde pour la pensée française, son roman : *Sur les falaises de marbre* (1942), sa langue parfaite, son *Journal de guerre* (1939-1945) prouvent l'ampleur de son humanité et de sa culture.

Flavien Monod. — Le parolier d'une célèbre chanson de Guy Lafarge interprétée par Jacqueline François.

Jules Laforgue (1860-1887). — Malgré Montevideo, son lieu de naissance, malgré la Tarbes de ses années d'écolier, Berlin où il vécut cinq ans attaché comme lecteur de français auprès de l'Impératrice en personne, Londres où il se maria juste avant de mourir, Paris est sa ville. Etre exquis qui masque son désenchantement sous un humour bien personnel ; virtuose du mètre, manipulateur du langage. Ses *Complaintes* racontent un second « mal du siècle ».

Alphonse de Lamartine (1790-1869). — Ses *Méditations poétiques* de 1820 sont un événement considérable sur la sensibilité après une grande disette de poésie française. Les chants frémissants sur la brièveté de l'amour, la mélancolie du solitaire, la complicité de la nature ont enchanté des générations, même si la mode actuelle en fait peu de cas. Après son entrée dans la vie politique, Lamartine reviendra rarement à la poésie, sinon avec *La Vigne et la Maison* (1857). Un art trop souvent improvisé, ce qui en accuse les faiblesses.

Claude Le Petit (1638-1662). — Commença ses études chez les jésuites avant de « bélitrer » dans Paris. S'enfuit, après un meurtre, en Italie et en Espagne. Revint pour vivre de sa plume, mais ses poésies, jugées impies (son *Paris ridicule* nous paraît aujourd'hui une savoureuse satire) le conduisirent au bûcher.

Curzio Malaparte (Kurt Erich Suchert 1898-1957). — Fils d'un Allemand et d'une

Toscane, il abandonne ses études pour s'engager dans la légion garibaldienne. Il est blessé en 1918. Membre du parti fasciste avant de s'en désolidariser et d'être déporté. Journaliste puis correspondant de presse. Ses deux œuvres principales (*Kaputt*, 1943 et *La Peau*, 1949) font de lui un témoin impitoyable.

Stéphane Mallarmé (1842-1898). — D'abord surnuméraire à Sens où paraissent ses premiers poèmes, il exerce un discret professorat d'anglais dans plusieurs lycées de province avant Paris. Sa revue *La Dernière Mode*, ses travaux philologiques le font vivre pendant qu'il élabore *L'Après-Midi d'un faune* (1876). *Vers et Prose* (1893) — *Divagations* (1897). On peut considérer que *Un coup de dés...*, le poème pulvérisé, est son testament. La découverte de Wagner le confirme dans son utilisation du « vers qui de plusieurs vocables refait un mot total, neuf, étranger à la langue et comme incantatoire ».

Guy de Maupassant (1850-1893). — La Haute-Normandie, d'où il est issu, marquera une partie de son œuvre, gaillarde et proche de la nature. Fonctionnaire à Paris, encouragé par Flaubert, il connaît son premier succès en collaborant aux *Soirées de Médan* (1880). Six romans, des récits de voyage et surtout des centaines de contes ont fait de lui un écrivain considérable servi par une écriture d'une absolue concision. Des troubles nerveux l'ont conduit à la démence.

Henri Meilhac (1831-1897). — Représentant typique de l'esprit boulevardier sous le Second Empire. Il a collaboré avec Ludovic Halévy au théâtre et dans les livrets des opérettes d'Offenbach, de *La Belle Hélène* (1864) à *La Périchole* (1874).

Henri Michaux (né en 1899). — Héritier direct de Kafka, il est le créateur d'un monde imaginaire et fantasmagorique à portée de la main comme à hauteur d'homme, qu'il décrit avec une précision scientifique dans un langage illimité. Michaux conteste le réel, l'apparence, Dieu, l'homme, sa propre présence. Et que dire de ses inventions graphiques, sous l'absorption de la mescaline ?

Henry Miller (1891-1980). — L'Amérique refusa longtemps cet écrivain jugé scandaleux (jusqu'en 1939, ses livres ont été publiés à Paris), l'un des tempéraments les plus originaux qu'elle ait produit. De ses *Tropiques du Cancer* (1934) à la *Crucifixion en rose* (1949), c'est un torrent autobiographique, une fureur lyrique où le sens de la vie est sans cesse remis en question.

Molière (1622-1673). — Celui qui s'appelait en réalité Jean-Baptiste Poquelin, fut comédien et auteur dramatique. Après avoir abandonné le droit pour le théâtre, créant l'Illustre-Théâtre en 1643, et fondant une troupe, il connut de nombreuses pérégrinations avant d'acquérir une réputation lui permettant, malgré les cabales et les rivalités, de faire représenter ses plus grands succès (*Les Précieuses ridicules* (1659) ; *L'École des femmes* (1663) ; *Don Juan* (1665) ; *Le Misanthrope* et *Le Médecin malgré lui* (1666) ; *Tartuffe* (1669), entre autres chefs-d'œuvre). Il mourut après la quatrième représentation du *Malade imaginaire*, n'ayant vécu que pour le théâtre.

Jean Molinet (1435-1507). — Partisan des princes bourguignons, chanoine et historiographe du Téméraire, puis bibliothécaire de Marie de Bourgogne, il est un brillant représentant de l'école des grands rhétoriqueurs.

Michel de Montaigne (1533-1592). — Après des études à Bordeaux et à Toulouse, il entre dans la magistrature qu'il exerce pendant seize ans à Périgueux et à Bordeaux. A partir de 1571, il se retire dans ses terres et dans sa « librairie ». La première édition des *Essais* (1580) précède un long voyage en Allemagne et en Italie. Il est nommé maire de Bordeaux, développant et mûrissant ses *Essais* (1588). Sa devise d'humaniste sceptique : « Que sais-je ? »

Jean Moréas (pseudonyme de Johannes Papadiamantopoulos ; 1856-1910). — Il vint d'Athènes à Paris dès sa vingtième année et n'écrivit plus qu'en français. Il a fondé le groupe baptisé l'« école romane », revendiquant « le principe gréco-latin, fondamental pour les Lettres françaises ». Ses affectations d'archaïsme disparaissent dans *Les Stances* (1899 à 1905) où il fixe avec une discrétion admirable les mouvements de son âme.

Myra et **Dieudonné**. — Les auteurs d'une chanson qui, à la fin de la guerre de 1914-1918, a contribué à relever le moral des soldats du « Front ».

Pablo Neruda (pseudonyme de Ricardo Neftali Reyes ; 1904-1973). — Chilien, une des grandes voix du siècle. A élu les Indiens araucans pour ancêtres et le poète tchèque Jan Neruda pour parrain littéraire. A l'écoute de la France, sa seconde patrie, où il vécut en exil, il est aussi à l'écoute du monde où, de Singapour à Madrid, et à Mexico, il fut diplomate. Son œuvre foisonne d'images, de *Residencia en la Tierra* (1927) à *Il Canto General* — sa « légende des siècles » —, avec un engagement politique sous-jacent. Nommé ambassadeur à Paris par le gouvernement Allende, il ne survit pas à la chute de ce dernier.

Jean-François Panard (1694-1765). — Il appartient, avec Piron, Collé et Crébillon au *Caveau* — situé carrefour de Buci — qui fut un temple de la libre expression au XVIIIᵉ siècle. Son œuvre va des chansons satiriques aux vaudevilles.

Charles Péguy (1873-1914). — Son œuvre désigne un patriote ardent, un socialiste de très humble origine, un anticlérical mystique, un universitaire opposé aux sorbonnards, bref un homme de combat, mais seul. Il tombe dès les premiers jours de guerre. Le mot de « tapisserie » caractérise — vers et prose — ses vastes nappes verbales dont le déroulement est celui des litanies.

Raymond Queneau (1903-1976). — Marginal du groupe surréaliste, pionnier de la science-fiction, satrape du Collège de pataphysique, prix de l'académie de l'Humour avec *Zazie dans le métro* (1959), directeur de la collection La Pléiade, académicien Goncourt, il excelle dans le récit de menus faits selon une orthographe et « un Français parlé vivant, méprisé des doctes et des mandarins, qui a le droit d'être élevé à la dignité de langue de culture ».

François Rabelais (né vers 1494 mort en 1553). — Fils d'un avocat à Chinon, il entre dans les Ordres en Bas-Poitou. Inquiète la Sorbonne par ses « Commentaires » d'Erasme et sa science du grec. Quitte le froc pour la faculté de médecine de Montpellier, exerce à Lyon (Premier livre de *Pantagruel* 1532). Suit un protecteur à Rome. Revient à Lyon, *Gargantua* (1534). Reçoit une prébende de chanoine à Saint-Maur, se libère de ses vœux, exerce pendant dix ans : *Tiers Livre* ; *Quart Livre* (1546-1548), et meurt curé de Meudon. La gaillardise de ses récits cache un humanisme encyclopédique et une critique de la culture traditionnelle.

Charles-Ferdinand Ramuz (1878-1947). — Chez ce Vaudois proche de la terre, le récit culmine toujours en poème et en symboles : *L'histoire du Soldat*, écrit en collaboration avec Stravinski ; *Derborence*, ode fantastique de la haute montagne. Paris a tenu une place dans l'apprentissage culturel de ce chantre d'un monde étranger à la ville où candeur et rudesse cachent une grande sagesse.

Jacques Réda (né en 1929). — Il dit écrire « pour lutter contre l'érosion et la dissolution intérieure ». Cette poésie lente, patiente, obstinée construit en effet un univers de merveilleux ressassement dont des recueils comme *Amen, Récitatif, La Tourne* marquent le cheminement.

Rainer Maria Rilke (1875-1926). — Autrichien né à Prague, comme son contemporain Kafka, et qui vécut tour à tour en Russie, en Italie, en France (il fut le secrétaire de Rodin) avant de s'établir en Suisse. Il était moins un citoyen de l'Europe qu'« une âme sans racines véritables, plus attentive à la vie secrète qu'aux mouvements de l'histoire ». Du *Livre d'heures* (1905) aux *Elégies de Duino* (1923) et aux *Sonnets à Orphée* (1923) s'affirme « le dernier des poètes immortels ». L'œuvre en prose répond elle aussi à cette définition du poète : « Nous sommes les abeilles de l'Univers. Nous butinons éperdument le miel du visible pour l'accumuler dans la grande ruche de l'Invisible. »

Jules Romains (Louis Farigoule 1885-1972). — Normalien, agrégé de philosophie, il fait dix années de carrière professorale avant l'expérience unanimiste qui marquera toute son œuvre. Dominent sa production très variée : *Les copains* (1913), roman fraternel ; *Knock* (1923), l'exemple type de son sens du canular au théâtre ; un roman social qui couvre un quart de notre siècle *Les Hommes de bonne volonté* (27 volumes entre 1932 et 1947). Après la guerre, passée aux U.S.A. et au Mexique, il élève le ton dans une suite d'essais politiques *Examen de conscience des français* (1954) ; *Pour raison garder* (1963). Académicien en 1946, son œuvre poétique est méconnue.

Edmond Rostand (1868-1918). — Après des études de droit, ce Marseillais débute par un recueil de vers *Les Musardises* (1890) où s'annonce sa virtuosité verbale. Le théâtre s'empare de lui, des *Romanesques* à *La dernière nuit de Don Juan*. Son sens du panache, les derniers restes du romantisme s'affirment dans *Cyrano de Bergerac* (1897) et *L'Aiglon* (1900), triomphes populaires non encore épuisés. Il deviendra académicien à 33 ans.

Jean-Jacques Rousseau (1712-1778). — Genevois vagabond, il s'établit à Paris en 1744, entre en littérature en 1750 avec son *Discours sur les Sciences et les Arts*, obtient un succès de larmes avec *La Nouvelle Héloïse* (1761) ; un succès politique avec *Le Contrat social* (1762) ; une influence pédagogique avec *Emile* (1762). Il s'enfuit en Suisse après la condamnation de ses écrits, passe en Angleterre, revient errer en France avant de se fixer à Paris, puis à Ermenonville où il mourra. Ses brouilles spectaculaires, ses polémiques, sa sincérité (*Les Confessions*), son lyrisme devant la nature (*Les rêveries*) lui ont assuré, dès son vivant, un pouvoir fascinateur.

Rutebeuf (mort en 1285). — Que sait-on de sa vie, sinon ce qu'il en dit lui-même, dans ses poèmes, avec une naïveté touchante : Jongleur errant et frondeur qui, malgré de puissants protecteurs, connut la misère et la solitude, sans doute parce que sa satire n'épargnait personne, il est l'auteur du *Miracle de Théophile*. Par certains côtés, il préfigure Villon.

Paul Scarron (1610-1660). — Fils d'un conseiller au Parlement, il sera toute sa vie, malgré la maladie qui le laissera impotent, choyé par la société littéraire et galante de l'époque. Un récit *Le roman Comique* et des poèmes burlesques de circonstances font de lui un vrai baroque français. Son épouse deviendra Mme de Maintenon.

Pierre Seghers (né en 1906). — Il a accepté, après la publication de 160 ouvrages, d'écrire un *Seghers* dans sa collection des Poètes d'aujourd'hui. Son œuvre va de *Futur antérieur* (1944) à *Dialogue* (1966). Il a cultivé aussi la chanson.

Léopold Sédar Senghor (1906). — Né au Sénégal de bourgeoisie noire et de religion catholique, premier Africain reçu à l'agrégation de grammaire, professeur, député puis, pendant vingt ans, président de la République du Sénégal ; mais d'abord poète de langue française, une langue où il introduit des néologismes et des mots du terroir africain dans un flot d'images hiératiques et un climat cérémoniel (Des *Chants d'ombre*, 1945 aux *Éthiopiques*, 1956). « Le poème n'est accompli, dit-il, que s'il se fait parole, musique et danse en même temps. »

Georges Simenon (né en 1903). — Il débute à Liège dans le journalisme et le roman populaire. A partir de 1930, il a déjà publié 19 « Maigret ». En 1967, son œuvre groupait 190 titres. La « littérature » l'a boudé quelque temps avant de reconnaître qu'au-delà de l'œuvre policière, il existe un Simenon analyste qui rêve d'égaler les plus grands, romancier de l'instinct, de la solitude et même de l'absurde.

John Steinbeck (1902-1968). — En décernant, en 1962, le prix Nobel à ce romancier californien, l'Europe saluait un auteur de best-sellers qui se situent entre l'épopée (*Les Raisins de la colère,* 1939) et l'humour (*Tendre Jeudi,* 1954). Un art de poète journaliste selon une vision cinématographique : *A l'est d'Eden.*

August Strindberg (1849-1912). — La célébrité lui est venue après son roman satirique, *La Chambre rouge*. L'œuvre du dramaturge est dominé par *Mademoiselle Julie* (1888). Partagé entre l'occultisme et le mysticisme, il parvient à maîtriser la désintégration mentale : *Inferno* écrit en français, en 1897, raconte cette crise durant un séjour à Paris.

Jules Supervielle (1884-1960). — Né à Montevideo, il fait ses études à Paris. « Le sentiment cosmique de l'espace, les mystérieuses télépathies, le panthéisme universel » se retrouvent dans ses nouvelles, son théâtre, mais plus encore dans les poèmes de

Gravitations (1925), *A la nuit* (1947), *Le Corps tragique* (1959). Grand prix de littérature de l'Académie française, fut élu « prince des poètes » peu avant sa mort.

Jean Tardieu (né en 1903). — Fils d'un peintre et d'une musicienne. En 1927, la N.R.F. publie ses premiers poèmes. Rédacteur chez Hachette, puis chef de service à la Radiodiffusion. De 1933 à 1979, neuf recueils poétiques. Son œuvre dramatique, fréquemment jouée, est, elle aussi, toute poésie.

Giuseppe Ungaretti (1888-1970). — Né en Égypte, cet Italien acheva ses études à Paris. A traduit Racine et Mallarmé. Professeur d'université au Brésil, il enseigna ensuite à Rome. *La Vie d'un homme* résume son univers poétique dont il dit : « Le poète cueille le mot en état de crise, le hisse dans la nuit, blessure par la lumière. »

Jules Vallès (1832-1885). — Une enfance noire de mal aimé marquera toute sa vie : « Il étendit la contestation de la famille à la société. De la défaite de 1848 à celle de la Commune, il est toujours le même opposant, socialiste proudhonien, qui connaît la misère, les perquisitions et la prison. Une foule immense accompagne sa dépouille. Son œuvre est dominée par les romans : *Trilogie* (1881-1886) et *Tableau de Paris*, vrai poème en prose de ton romantique.

Paul Verlaine (1844-1896). — Sa réputation est née avec les *Fêtes galantes* (1869), tandis que *La Bonne Chanson* traduit son éphémère bonheur conjugal. La rencontre de Rimbaud sera décisive : il quitte sa famille pour une liaison qui s'achève en drame passionnel. Dans *Romance sans paroles*, il se révèle un maître à l'effusion musicale ; *Sagesse* (1881) raconte avec candeur sa conversion. Les œuvres qui suivront seront les témoins d'une déchéance : partagé entre l'hôpital, le stupre et les cafés où se pressent les admirateurs, le pauvre Lélian continue d'écrire, oubliant le plus souvent... « de la musique avant toute chose ».

Alfred de Vigny (1797-1863). — Né à Loches, passionné par la Bible, Vigny était le fils d'aristocrates ruinés par la Révolution. Il fut gendarme de la Maison du Roi au retour de Louis XVIII. De garnison en garnison, il écrivit *Servitude et grandeur militaires*. Carrière militaire, carrière littéraire aussi, il écrit parallèlement ses plus beaux poèmes et *Cinq-Mars*, un roman. Ami de Victor Hugo, il fait partie du Cénacle avec Delacroix, Sainte-Beuve, Balzac, Dumas, Musset ; *Chatterton* (1835) le rend célèbre. Grand créateur romantique et classique, poète, philosophe, auteur des *Poèmes* (1822), il s'arrêta de publier à quarante ans, un peu désenchanté et trouvant sa célébrité suspecte. Ce n'est qu'après sa mort que furent éditées *Les Destinées*.

François Villon (pseudonyme de François de Montcorbier, né vers 1431 — mort après 1463). — Elevé par le prêtre Guillaume de Villon, il devient maître ès arts, puis il tourne mal auprès des ribaudes et des coquillards. Pardonné pour un meurtre (légitime défense), il participe à une effraction au quartier Latin, s'enfuit, connaît la prison. De nouveau pris dans une bagarre, il est banni. On perd sa trace. Détresse et remords hantent ses *Ballades* et le sentiment de la mort : *Le Grand Testament*.

Voltaire (pseudonyme de François-Marie Arouet, 1694-1778). — Au cours d'une jeunesse libertine, il est enfermé deux fois à la Bastille, s'exile en Angleterre. En Lorraine, jongle de l'histoire à la tragédie et aux pamphlets, entre enfin à la cour et à l'Académie, mais, rendu suspect par sa hardiesse de plume, il va vivre auprès de Frédéric le Grand. Indésirable à Berlin, il devient propriétaire à Genève, et trouve la retraite sûre à Ferney. La dénonciation d'erreurs judiciaires, ses appels à la tolérance et sa combativité l'occupent jusqu'à son triomphe parisien, peu avant sa mort.

TABLE DES MATIÈRES

ICONOGRAPHIE

Achevé d'imprimer
le 3 Février 1986
sur les presses de
l'Imprimerie Hérissey
à Évreux (Eure)

N° d'imprimeur : 39085
Dépôt légal : Février 1986
1er dépôt légal dans la même collection : Septembre 1981
ISBN 2-07-034023-6

Imprimé en France

37242